LAST 15 DAY'S

GYANESH KUNAL

" This book is dedicated to My <u>Mom</u> and a <u>Special One </u>who gave me the strength to complete this book "

...

Contents

Preface

Kahaniya bahut si hoti hai, Uske ant bhi bahut se hote hai par kuch kahaniya shirf kahaniye nahi balki emotional ban jati hai. Apne aaj tak vh kahniya padhi hogi jo puri ho, Par aaj ek yesi kahani hai jo na hi puri hai or na hi puri taraf se adhuri. Jab mai is kitab ko likh raha tha to mere samne ek sawal lagatar aa raha tha, ki mai ek shabd mai is kahani ko kaise batau wase to bahut jayda muskil hai is kahnai ko ek shabd mai batna par hamne kosih ki " ek adhuri per puri zindagi". Mujhe pata hai ki apko filhal kuch samjh mai nahi aa raha hoga par koi baat nahi mai hu na, mai aap ko achhe se batata hu.

Jab mai yeh kitab likh raha tha tab maine ise ek chiz shikhi. " Koi jaruri nahi ki aap zindagi mai kamayab ho par iska matlab yeh nahi ki apki zindagi nakamyab hai". Ham sab apni zindagi ko hamesha kamyabi se jor dete hai, Mai manta hu ki yeh bahut had tak sahi bhi hai per jab ham apni zindagi ko apne kamyabi se bandh dete hai to hamari jarurat bhi zindagi ko leke badh jati hai, or duniya mai sab chiz to apke liye bani nahi hai par agar har ek chiz ko kamyabi se jorege to apko vh har ek chiz chaiye jo is duniya mai hai. Jis din ham zindagi ko lambi nahi zindagi khul ke jine pe focus karege us din hamari zindagi ki asali khushiya hamare pass rahegi.

Ek or sabse bada sawal yeh tha ki, kya yeh kahani sach hai ? Yeh kahani asal mai kiski hai ? iska ek hi jawab hai. Jab Mai ek kahani ki talash mai tha tab maine social media pe ek comment padha tha kisi post pe thi usme likha tha "Mujhe yeh nahi pata ki mai kitna din or jiuga, mujhe blood cancer hai last stage bahut se mere sharir ke part kaam karna band kar diye hai. Mai bas ek insan se milna chahta hu jo mujhse bahut dur hai per ek ummed hai ki vh meri is zindgi ka ant karegi, Meri kahani ka pura hona bahut jaruri hai." Yeh comment tha jo mujhe us din mila. Vh comment lagbhag ek saal purana tha, or uske baad us comment pe bahut se log ne reply kiya per uska jabaab nahi aa raha tha. Maine uske vh account ko dekha jise yeh comment huye the per waha bhi koi activity nahi thi, shyad vh hamare beach se chala gaya tha. Uski kahani vh insan pura kar raha yeh nhi per aaj maine uski vh kahani puri kar di.

Yeh kahani, aap ko zindagi mai kaise khush rehna hai kaise muskurate rehna hai yeh sab baat nahi sikhayegi, yeh kahani bas aap ko jindgi jina sikhayegi. Yeh kahani apko present mai jina nahi balki kaise apne zindagii mai chizo ko accept karna hai vh sikhayega. Zingadi kamayab hone ke liye nahi bani hai zindagi jine ke liye bani hai aur agar jine ke liye aap ka kamyab hona jaruri hai tab shi hai. Yeh kitab mere liye shirf kitab yeh kahani nahi hai balki yeh ek emotional hai jo apko ansh se jor ke rakhegi zindagi bhar. Baki to aap samjhdar ho..

Gyanesh kunal

09 of april

Acknowledgements

Kuch chare hai jo is kitab mai ke piche hai, akele etni badi kitab ko pura karna bahut muskil tha or shayad yeh nahi hote to is kitab ko pura nhi kiya ja sakta tha. Maine bas is kahani ko likha hu or shirf kahani likhna badi baat nahi hoti. Mai thankful hu *Ayush kumar or khushi kaushik* ka jinhone is kahani ko error free bane ki kosih ki hai.

Prologue

ANSH VERMA : Is kahani se pahle yeh shirf naam tha per aab yeh shirf naam nahi balki ek emotional hai jo apko bahut kuch sikhane wala . Ansh ko blood cancer thi or uski zindagi bas 15 din ki thi, or use ye tab pata chala jab usne apni zindagi ko asal mai jina suru kiya tha. Vh bas apni vh antim ke 15 din bas apke sath jina chahta tha or usne vh 13 din apke sath raha. Vh apni adhuri kahni ko yeh 13 din tak pura karte raha or fir hamre bich se chal gaya.

UJJWAL SHARMA : Sharma ji vh beta jise ham sab khojte hai . Ha yeh vhi hai jinke charche hamre middle class ke ghar mai jarur hote hai, yeh vhi hai jo pure class mai 100 mai se 99 marks leke aate hai. Har ek kahani ka side hero hota hai per yeh is kahani ka shirf side hero nahi balki ansh ke liye or hamre liye bahut kuch hai. Ansh ne hamse bas ek chiz mangi thi ki uska ujjwal hamesa khush rahe, ham bas yeh duwa kare.

GYANSHI VERMA : Har ek kahani ek ladki ke bina adhuri rahti hai or yeh kahani or ansh dono Gyanshi ke bina adhure hai. isne ansh ki vh adhuri kahani ko pura kiya tha or shirf uski kahani nahi balki uski zindagi ko bhi pura ki hai. Ristey kabbi bhi perfect nhi hota use perfect banya jata hai, or sabse badi baat use nibhaya jata hai jo Gyanshi ne kar ke dikhya hai. Yeh ansh ki adhuri zindagi ka pura pyaar hai

.

Special Thanks

Muhjhe to yeh bhi nhi pata ki ham kab mile sorry yaar vh kya hai na mai bhul gaya but ager tumhe yaad ho to niche likh dena , Per mujhe tumhari vh sari bate yaad hai jo khas kar ke mujhe bahut inspire karti hai . So yeh special thanks meri taraf se

"" Chalo koe baat nhi , aaj apne sapne ko pure karne ka maan nhi hai yeh fir vh engery nhi hai shayad kal bhi nhi ho or perso bhi nhi ho, per jis din bhi hona us din apni puri takat laga dena apne sapne ko pura krne mai or ha yaad rahe yeh sapne tumhare hai "

Cielo

-Khushi Mehta

• • •

Social Media Review !!

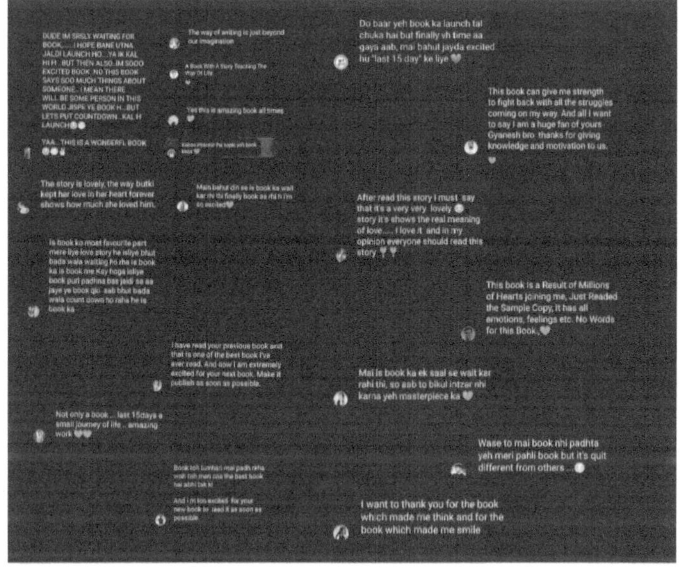

<u>Hamari samjhdar army ....</u>

LAST 15 DAY'S

Aaj main bahut khush hu, agar main apko apni khusiyon ka kaaran bataunga to app bhi khush ho jaoge aur koi meri wajah se khush ho, is se zyada mujhe kya chaiye. Asal main mere papa, is generation ke Sharma ji ke jaise hai. Jo apne bete ko Engineer ye Doctor banna chahte hain. Mujhe pata hai ki ye kahani koi such main sharma ji ka beta padh raha hoga isliye aap ise apne dil pe na lein kirpya. Khair Sharma ji se aur unke bete se to hum sab ki dushmani kuch khas hai isliye unhe to baad main dekhte hai. Aaj kahani na hi Sharma ji ki hai aur na hi unke bete ki. ye kahani unke pados main rahne wale Ansh yani meri hai. Introduction shayad kuch zyada hi filmy ho gayi. Woh kya hai na apni kahani koi superhit film ho ye na ho par hum to hero hai, hero the aur shyad is kahnai ke ant main bhi rahenge.

Meri is kahani ki shuruaat yaha se isliye ho rahi hai kyuki, Is jindgi ke antim panne bhi yahi se patlne lage the. Aaj meri PhD yani Doctorate of Philosophy ki degree approved ho gayi. Yaani hum sab ke bhasha mein bina MBBS wala doctor, aur ye baat bahut ko hajam nahi ho rahi thi aur ho bhi kaise unhone apne bacho ko char saal padhya tab jake uska admission medical college main huya aur wo abhi hi gaya hai aur uske doctor bante bante tak toh main apni life mein settle bhi ho jaunga. Wo kya hai na main abhi 23 saal ka hoon 18 main collage join kiya 21 main collage complete kiya ek saal ka post graduation aur fir research mein 6 mahine aur fir PhD, aur aab Dr. Ansh Verma, to ab aap ko pata chal gaya hoga meri khushi ka karan. Waise aage ki life ab jeene main bada maza aayega professor ki job, package 15 lakhs par annum. Maine ye zindagi jeene ke liye aaj tak apna sab kuch de diya, apna samay, apna parivar, apni sari enjoyment aur sabse badi chiz main khud. Aur is journey main Sharmaji ka to sath bilkul nahi tha par unke bete ka sath bahut tha. Dr. Ujjwal ye MBBS wala Doctor hai, Or mere bhai dost jigri jo bhi kah lo or ha yahi hai sharma ji ke wo bete jinhe hum khoja karte the. Topper in exam, smartness overloaded ye thoda kam ho gaya cuteness smartness dono inki khasiyat hai, par yaha pe na cuteness main meri baat or mera takar ka milna thoda mushkil hai. Bahut se log bolte hai ki meri smile bahut cute hai or ho bhi kyu nahi yaar, jab main hasta hoon to aankhein thodi si choti ho jati hai or daat bahar aa jati hai, Wase to yeh sabki hi hoti hai lekin main sach me accha lagta hoon.

Ujjwal na mujhe bhula tha aur usey to main bhul hi gaya. Asal mein mujhe sas lene main thodi si dikat aa rahi thi aur bahut baar blood bhi aa jata tha isliye ye bimari zyada badi ho jaye isse pahle main ise sahi kar leta hu. Wo kya hai na mujhe ab apni zindagi ki har ek pal enjoy karni hai aur main nahi chahta ki ek din bhi barbad ho. Main na jindgi ki wo sari chizon ka experience lena chata hu, jo kuch log aksar chor ke jate hai. Meri zindagi ka maksad sirf or sirf jeena hai. Waqt ki koi dor mujhe nahi rok paayegi, or mujhe nahi lagta ki kisi bhi dor main itni taakat hai ki mujh jaise parinde ko rok sake.

Ha doctor shahab bato kya haal chal hai

Mai thik hoon, tum batao kaise ho

Lo ji kar lo baat, ab main kaisa hoon ye to apko pata hoga.
Maana ki main Dr. ban gaya par mera haal chal to aap ke
jaise MBBS wale Dr. ko pata hoga.

PhD ho gaya tumhara aur job ka kya hua?

Dono mil gaya bas ab dawai dedo, wase iski jarurat bhi
nahi hai par wo kya hai na papa ko dikhana padega isliye
tum de do wo hi shi hai

Mujhe tumse kuch jaruri baat karni hai, par main kaise
bolu samajh nahi aa raha

Are tu bol na yaar, dost hoon tera aur aaj se nahi balki us
din se jab se tu pant aur diaper dono main susu karta tha.

Ansh tumhe blood cancer hai aur ye last stage hai
tumhare pass lagbhag 15 din hai yaar.

Kya bhai achha majak kar raha hai blood cancer zyada
bada bimari nahi hai jo 15 din hi hai mere pass, bahut ke
bade se bada cancer tik huye hai. aur sun be sale tujhe
chod ke itni jaldi nahi jane wala

Yaar tera last stage hai aur ye bimari tumhe phichle ek saal
se hai

Are yaar aise kaise ho gaya yaar main to aaj tak smoking
bhi nahi karta aur drink bhi nahi karta yaar, koi to tarika
hoga na yaar ujjwal. Yaar jaise zindagi main jina chahta
tha wo to aaj se hi shuru hui hai aur aaj hi sab khtam kaise

ho skata yaar. Aisa kaise ho sakta kahi to kahi iska ilaj hoga.

Yeh dekh ansh, ye tera khoon hai aur ye dekh ye ek normal aadmi ka khoon hai tumhara khoon toxicate ho chuka hai aur ise replace karna bhi mushkil hai kyuki tumhari body khoon banna dheere-dheere band kar degi aur hamre report ne jahan tak calculate kiya hai tumhare pass 15 din hai. Sorry bhai tera ye dost kuch nahi kar sakta, sari meri galti hai.

Nahi bhai teri galti nahi hai ye meri kismat ki galti hai. Bas meri ek help kar dena tum ye baat na papa ko nahi batna, kam se kam mere jite ji to nahi. Wo jee nahi payege yaar unka ek hi beta hai aur ab wo bhi unke pass se dur ja raha hai. Kabhi ho sake to mere papa ka, wo beta ban jana, jisne unhe akela chor diya. Chalta hoon main ab, aur haa apne aasu na apne pass hi rakh jab char kandhe pe tu mujhe uthayega na tab kaam dege. Aur sala agar uske baad tu roya na to jahan main rahunga wahi se tujhe galiya duga.

Bhai sorry yaar main kuch nahi kar sakta, mujhe maaf kar de

Tu dost hai bhagwan nahi, zyada na soch yaar warna main acche se mar bhi nahi pauga. Tune mujhe jine to achhe se diya nahi, aab chain se marne to de sale, chal main chalta hoon

Maine na bahut se un Pandrah-Solah saal ke bachhon ko dekhta hu, maturity ki bate karte huye, aur sirf ye nahi unhe marne ki bahut jaldi rahti hai par jab maut apke pass khadi hoti hai na tab wo sari bate insta story main hi sahi lagti hai. Tumlog ko janne ki bahut jaldi thi na ki maturity kya hoti hai, ab kuch jawab to aapne bhi apne story main likha hi hoga par baat ye hai na ki na hi kisi se pyaar karne ke badle pyar karna maturity hai, na hi life main busy ho jana maturity hai aur na hi kisi se nafrat karna maturity hai maturity tab aati hai jab aap ko ye pata chalta hai ki kuch chize aab badal nahi skati isliye jo jaisi hai use accept karna hoga aur iske alabe koi tarika pass nahi hai. Chizon ko accept karo or aage badho bas yahi maturity hai aur agar tum usko sahi kar sakte ho to sahi hai warna jo jaisa hai usi ko accept karo. Hum na unki khani sun na pasand karte hai jo kamyab ho ye jinhone apni jindgi me kuch haasil kiya ho, par ye kahani ek aise aadmi ki hai jo jindgi main na hi kuch haasil kar paya hai aur na hi kuch aisa kiya jis se log usey yaad rakhe, par ek kahani hai jo apke sath likhni hai aur aap ko sunani hai. Main is zindagi ke antim pal aapke saath bitana chahta hoon, aur phir ek din meri yeh kahani khatam ho jayegi par main aapse ek vada karta hoon ki koi aayega jo meri is kahani ko pura kar ke aapke paas pahucha hi dega, I promise. To chale ab kyon ki hamre paas ab time nahi hai, to aap kya 15 din mujhe apne pass rakhoge

DAY 1 !!

Mai raat bhar nahi so paaya aasu aakhon mein abhi bhi hai aur main inhe pochne wale ko aab chor ke bahut dur aa chuka hoon kyuki main na unhe apne kaaran rota hua nahi dekh sakta, jinhe main itna pyar karta hoon unke aakhon mein aansu kaise dekh sakta hu. Ab mere paas jo bhi hai wo aap ho aur meri ye kahani hai jo shayad puri ho sake. Kuch yaadein bhi hain mere paas jo shayad mere sath hi chali jaye, ye ho sake to koi apko wo batane aaye. Mujhe pata tha ki iska call zaroor aayega

Tu kaha hai ansh, tune kuch bataya kyu nahi aur tumhe pata bhi hai ki tumhe under observation rehna hai, tu jaldi ghar aa ja aur jahan bhi hai kuch dawaiya message kar raha hoon kha lena abhi turat.

Ujjwal main jahan hoon bahut khush hoon aur ab tumhe rota nahi dekh sakta, na hi tumhe or na hi papa ko tum sab se main bahut pyaar karta hoon or karta bhi rahuga, aur tu hi soch na yaar main kaise teri aakhon mein aasu dekh sakta hu. Aur baat rahi dawaiyaan ki toh yaar aur tu kuch dawai likh de jo mujhe ye 15 din khush rakhe, tera dost jahan bhi hai bahut khush hai aur achhe se hai aur yaar apne is dost ko achhe se jine de aur haan papa ko bata dena ki kisi kaam ki wajah se main kahi gaya hoon or wahan network issue zyada hai so baat na ho payegi. Main bhi kisko bahane banana sikha raha hoon tu to sale topper hai na ho payega na tumse, thik hai bhai jab main is duniya se jaunga to tumhe ehsaas to ho hi jayega aur aap to doctor ho sir wo bhi MBBS wale, aap ko to pata hi hai ki mere sath kya hone wala hai.

Maine call rakh diya kyon ki ye to nahi rakhne wala tha. Sorry main applog ko batna hi bhul gaya ki main abhi kaha hu, main bhi na aab bhullakad ban gaya hu. Woh kya hai na mera samay aa gaya hai na jane ka isliye thoda bhullakad ho gaya hoon. Sorry yaar main aaplog ko rula raha hoon na, akhon main aasu aa gaye honge par ab bahut ho gaya ye aasu-vasu ab se no aasu, no drama aab main apki smile ke liye responsible hoga. To apke life main jo bhi hai abhi jo bhi dukh gam hai usko thoda sa side karo or thoda sa has lo na mere sath, aise nahi na yaar, wo daat bahar nikal ke. Aab aaya na maza, wase jo abhi mere sath has raha hai wo ladka hai ye ladki kyon ki na mujhe ye bara confusion ho raha hai ki main good girl bolu ye good boy.

Maine raat to train pakda bina ticket ka, fir ticket collector ne mujhe pakda fir kya maine unhe apni kahani sunie aur fir unhone mere hath pakda aur mujhe train se uthar diya. Main unse na jane kitna jhoot bol sakta tha par maine nahi bola par ye bate unhe kaha samjh main aaye, shi bola gaya hai ki sacchai ka zamana nahi hai ye aap ki dusri lesson hai aur sorry main yaar fir se bhul gaya, to aap ki pahli lesson ye hai ki bin ticket ke koi bhi train pe na jao, warna jo mere sath hua wo tumhare sath bhi hoga. Au ye sari baatein jaannat mai jaari hai sorry janahit mein jaari hai. Baki to aap samjhdar ho.

Raat bhar main isliye nahi so paya kyuki main tension mein tha, balki isliye nahi so paya kyunki ye maccharon ne itna kaata hai ki jahan chu raha hoon wahan unke love bites ke nishaan mil rahe hain, aur ye hi nahi ek admi ne etna pi liya tha ki usne kal raat ek kutiya ke sath shadi kar liya, mujhe yeh to nahi pata ki wo kutiya thi ya kutta, maine bas itna dekha ki usne uske gale main mala dali aur fir use ek fande se bandh kar charo tarf ghum raha tha. Usne bahut pi rakhi thi, par yaar usne saat phere hi liye wo pee ke bhi ginti nahi bhula tha. Baat yaha thodi ruki wo mere paas aake apni prem kahani mujhe batane laga. Wo us ladki sorry us kutiya se bachpan se pyaar karta tha par use baap sorry ek kuta tha jo uski shadi nahi karne de raha tha kyuki wo dono ek biradri ke nahi the wase kute bhi caste system ko follow karte hai, ye galat hai kyuki hum sab ek hai. Pyaar kisi ladki se ho yeh kutiya se pyaar to pyaar hota hai na. Tumlog shi bolte the yaar pyaar pyaar hota tha aab kutiya se ho gaya toh kya kiya ja sakta hai. Koi jaruri to nahi pyaar apne hi caste main ho, yahan main aap ko support karta hu, to ye kuch karan the jo mujhe raat bhar sone nahi diye.

Par ek chiz sikha hoon yaar life main khush hona kitna jaruri hai kyuki jab main khush tha muskura raha tha to shayad main wo sab bhul gaya tha, par jab main abhi gahri soch main hoon tab fir yaad aa gaya ki meri jindgi ka ek din khatam hone wala hai. Kuch log bolte hai na ki jindgi main na bahut mehnat karo bahut jayda, us chiz ke piche bhago jo tumhe badi kamyabi de or khushi de, wo khushi nahi jo kuch pal hi ho balki wo khushi de jo apke sath zindagi bhar sath rahe.

Mujhe nahi pata ki main sahi hoon ya galat par kya pata aap un choti-choti khushiyan ko chor ke, wo khushi ke piche bhaag rahe jo apke sath jindgi bhar rahne wali hai, par kya pata khushiya to rahe par aap na raho. Jindgi main na koi bhi choti choti chiz ko nahi chhorna, wo khushiyan ho ye fir aap ki wo choti si success ho jo apke enjoyment ka karan ban sakte hai, aur ham sab na yaar middle class wale hai badi khusiya to life main aati nahi aur hum choti

choti khushiyan ko bhi bhul jate hai. Zindagi ki kahani wo nahi bata sakte hai jinke pass zindagi baki hai, balki wo bata sakte hai jinke pass jindgi hai hi nahi. main bas ye bolna chata hoon na yaar ki jindgi ko jio, manta hoon ki tumhare jindgi main bahut mushkilein hain takleefein hain par yaar tumhe to jeena bhi hai na to choro wo sab aur khul ke jio bahut jaruri hai ye jiske pass zindagi nahi hai uske behtar aap ko zindagi ke bare main shayad koi nahi bata sakta hai.

Lagta hai zyada ho gaya, aap kahin bore na jao aur agar tum chale jaoge to meri ye khani kon padhega, isliye tumlog ko bore nahi karunga. Waise main to aapko batna hi bhul gaya ki main kahan ja raha hoon, asal main mere paas itne paise hain nahi ki main world tour kar saku isliye tension not india main hi hoon aur shayad yahi apni antim saans lu. Main wahan ja rha hoon jahan ki kahani sapno main ye fir insta pe milti hai, par main ye kahani ko mahsus karna chahta hoon isliye main ladak ja raha hu, aur haan! Iss baar ticket ke sath kyon ki yaha bahut thand hai aur agar yaha kisi ne train se bahar kiya to main to jam jaunga. To fir aapke sapne wale ladakh ke bare main kaun batayega. Yahan ke log bahut ache hai logo ko apnaane mein koi kami nahi rakhte hai, Main leh mein hoon aur yaha ka tapman -1 degree hai jahan pani pine ke liye barf ko pighlana parta hai. Wase jaise mene dekha tha waisa to ladakh nahi hai bahut taklif hai yaar, yaha aap ko itne kapde pehan ne parte hai ki aapka sirf chota sa muh dikhta hai baki to kuch dikhta bhi nahi, log kaise ek dusre ko pehchante hoge, wo bhi mujhe nahi pata, shayad awaaz aur kapdon ke rang se. Yaa phir kuch honge inke personal secrets jo shayad mujhe nahi batana hoga inhe.

Main jahan ruka tha wahan ke log bahut acche the, wahan ek chota sa ladka tha, uski dadi thi aur uske papa ek kisan the aur maa teacher thi ek chote se school mein. Maine unke sath khaana khaaya fir main sone jaa raha tha aur wo chota bacha mere sath sone ki zid karne laga isliye wo mere sath hi soya huya tha. jahan pe main soya tha uske bagal main ek kamra tha, chote ne wahan bed laga diya uske papa ne wahan khana rakh diya par wahan koi soya nahi tha. Jab thori raat aur huie to wahan Dr.Verma aaye, ye yahan kaise ho sakte hai. main jab unke pass gaya to wo mujhe pehchan gaye, main unse Anurag ke bare main puchne laga, fir wo mujhe dekh ke rone lage, mujhe baad main pata chala ki Anurag ab nahi raha.

Or uncle aap kaise ho aur Anurag aaj kal kaha hai

Beta Anurag, hamre bich nahi raha woh humein chor ke chala gaya

Kya! Ye kab hua aur kaise, maine to suna tha ki uski haalat pehle se tik ho rahi thi

Ha wo pahle se tik ho gaya tha aur doctor ka kahna tha ki woh mahine do mahine main puri tarah se thik ho jayega, aur ye baat usko pata lag gayi. Pata hai beta wo hamre sath rahna hi nahi chahta tha aur rahe bhi kaise maine aaj tak kabhi apne bete se ye bhi nahi pucha ki beta kaise ho tum, tumhe kuch chahiye, tumhe kya pasand hai. Wo chahta tha ki uska papa uske sabse achhe wale dost bane par uska baap uske maut ka karan ban gaya.Doctor ne bataya tha ki wo bahut zyada sochta tha aur bahut zyada depression main tha bahut zyada etna zyada ki uske brain ne response karna bhi dhere dhere band kar rahi thi. Wo apne kal ko leke bahut zyada tension main tha wo bahut baar mujhse baat karne ki koish ki par maine har baar uski bato ko bachkani samjhi or use andekha kar diya. Anurag ko hamri zarurat thi par hum uski jarurat ko pura nahi kar paye. Usne apni nas kaat ke apni jaan dedi. Uski maa ye hadsa nahi jhel paie, aur kuch mahino baad wo bhi mujhe chor ke chal gaie. Pata hai beta maine socha tha ki jab vh puri taraf se thik ho jayega na to main use bolun ga beta tumhe jo karna hai na vh kar tera baap teri piche sab hai sambhalne ke liye itna hi nahi, Sari chize uski pasand ki hogi, uski pasand ki phone uski pasand ki bike aur uske sath piunga ek raat, aur hum dono baap bete ko koi nahi rok payega us raat pine se uski maa bhi nahi. Use bas gale se laga ke sorry bolna tha or uske kano pe bolna tha "beta tu tension na le main hoon na". Mere bhi kuch sapne the uske sath kuch pal binate ke liye. par aaj bhi uski bike jo use dena tha uski wo phone aur wo daru ki bottle sab mere pass hai par wo kho gaya hai. Mujhe lauta do yaar mere bete ko koe.

Uncle mujhe nahi pata tha ki Anurag hamre bich nahi raha, maine kosih bhi ki thi aap sab se baat karne ki par aab sab kaha the mujhe pata hi nahi tha. wo sab to thik hai uncle par aab yaha kaise aaye.

Mera dost rahta tha yaha, jab Anurag ki maa mujhe chor ke gayi to wo mujhe yaha leke aa gaya wo bolte hai na jab har koi apko chorta hai to apka ek sucha dost hi apke sath rahta hai, aur mere jindgi ka wo dost yahi hai. Iska ek chota sa beta hai bikul Anurag ki taraf, wo jab chacha bolta hai na to apna sa lagta hai. Yaha kuch dur pe maine ek coaching kholi hai, wahan basti ke ladke aate hai, achha lagta hai unke sath kuch pal bita ke, fir main yaha aa jata hu. Galtiyo se move on karna aasan nahi hota hai. Jab koi apko hamesha ke liye chor ke jata hai na to uski jagah apke dil main hamesa khali rah jati hai.

Apko maine Anurag ke bare main kabhi bataya nahi aur shayad main kabhi bata bhi nahi pata par jab main Dr.Verma ko dekha to uski yaad aa gaie. Jab hum 11th main gaye the to Ujjwal mujhse alag ho gaya, kyuki uska subject science tha aur mera commerce tha par hamri dosti pe koi asaer nahi huya, biology zindagi ke liye bahut jaruri hai isliye kabhi kabhi main biology pad leta aur dr. Shahab ko bhi kabhi kabhi commerce ka gyan dila deta tha. wo kya hai na mujhe apkele padne ki aadat nahi thi isliye ujjwal ke sath science padh leta tha aur wo mere sath economics, par hamari ye bhai chara zyada din nahi chala aur hamre principal ko ye baat pata chal gayi aur fir hum dono bhai ko alag kar diya Gaya. Tab main Anurag se mila, wo ekdam sant rahta. Uska class main rahne ye na rahne se koi fark nahi padta tha. Yese to main akele hi bethta tha but aaj uske pass jake beth gaya fir wo agle periods main kisi aur bench pe fir alage period main uske sath aur fir wo agle period dusre bench pe, ye ho kya raha mujhe nahi pata. Bas koi unko ye jake ke smajha de ki aap ladka ho aur aap ka itna attitude acha nahi lagta. Mujhe jitni koish karni thi wo maine kar liya ab na hi kosish karu wo zyada acha hai, par yaha se uski koish suru huie. main aaram se beta tha wo achanak aaye aur mere paas aake baith gaye. Dekho yaar mere paas bhi badla lene ka pura hak tha par wo bolte hai ki jab meri bari aaie to zindagi ne apna basul hi badal diya. Jab wo seat badal raha tha to class ki har ek seat khali thi par jab bari meri aaye to sare bench hi full hai wo to choro, aaj pehli baar class main sare bache aaye hai yahi apna class aaj pehli baar housefull hai. Chalo koi nahi jab samne wala hath baadha raha hai to hame bhi uska hath tham lena chaiye. Hamri bate bhi hone lagi par wo zyada baat nahi karta tha, wo kya hai na wo hamari taraf nahi tha, hum sab se bilkul alag tha. Har samay serious rahta tha, kya ho raha hai class main use uska koi bhi lena dena nahi tha bas wo class main rahta tha, hamre sath nahi. Us din wo zyada udas tha, aur us din wo mujhse wo sari bate bataya jo abhi tak usne apne dil main dava ke rakhi thi.

Pata hai ansh, mujhe na arts bahut pasant thi. Mere 10th main arts main 98 marks aaye the jo sabse zyada tha, baki subject main number bahut kam the par mujhe koi fark nahi parne wala tha kyuki jo chiz mujhe pasnd thi usme achha kiya. Main soch liya tha ki 12th main arts lunga aur isi field main jauga, maine ye baat apne papa ko batie, but mere sirf arts main hi achhe number aaye the baki sab main bahut kharab marks aaye the to unhe ye lagta tha ki ye jo mere achhe marks arts main aaye hai wo bhi galti se aaye hai. wo nahi chahte the ki main arts hu, kyon ki unko aur hamare society ko lagta tha ki ye subject wo lete hai jinhe padhne ki koi shockh nahi hota hai, aur mera arts lena unhe apne society mai, nicha dikhayega. Jab bhi main unse ye leke baate karta to bahas ho jati, main jitanti bhi kosish karta par wo bekar chali jati. Unhe ye lagne laga tha ki main unki ijazat nahi karta. Unke nazro main hamsa main losser hi hu, unko kaise batau ki, nahi man lagta mera ye sab mai. Mujhse nahi hota yaar ye sab, par unhe ye lagta hai ki unka beta bahut kamjor hai. Aur haan yaar main kamzor hu, nahi jhel pata hoon tumlog ki tarfa. Kya pata kyun mujhe itna tension hota apne kal ko leke. main khush rahna chahta hoon yaar bas, unhe koi to samjho yaar.

Yaar main ek achha beta to nahi ban paya par ek achha baap jarur banuga. Meri izzat ke liye uski khushiyo ka gala nahi gotua. Usko apne raaste khud banana sikhaunga. main apne bachpan se seekh leke uska bachpan sudhana chahunga, main apni galtiyon ko duhraana nahi chahunga, usko kabhi samaj ke zanzeeron mei baandhna nahi chahunga. main uske kabiliyat ko uske marks se nahi joduga. Iska matlab ye nahi ki main usey bigaad dunga uske har ek galti pe datne se pahle usey sahi or galat ka matlab jarur shikhaaunga, use sorry nahi bolne duga, par use sorry feel zaroor karunga. Usey apni jaat jarur bataunga par use wo chota ya bada nahi ho jata hai ye bhi sikha dunga. Ho sake main kaie jagah pe galat ho jaunga isliye use apni soch se shi galat hone shikha dunga. main yaar achha beta to nahi bana par ek achha baap jarur banunga.

Wo kya bol raha tha wo mujhe zyada nahi pata par jaise vh bol raha tha, usey lag raha tha ki wo bahut zyada akela hai, usey zarurat hai kisi ki. Ek aisa aadmi jo use sambhaale. Wo jab mujhse ye sab bata raha tha to uski aankhon se aansu gir rahe the, aur main itna bhi kabil nahi tha ki uske aasuon ko sambhaal paun. Ye sab mere liye bilkul naya tha. Aaj tak maine kabhi bhi apne kal ke bare main nahi socha aur kabhi aisa lagta hi nahi tha ki sochne ki zarurat hai, par jab se uski baaton ko suna hoon toh ek dar laga rehta hai apne kal ko lekar. Us din ke baad Anurag school nahi aaya. Jab ek hafte tak wo nahi aaya to hum uske ghar pe gaye to humein pata chala ki uska tabiyat zyada khrab hai aur uska ilaaj kahin aur chal raha hai. Jab ek mahine baad bhi wo nahi aya to phir hum uske ghar gaye par ab pata chala ki wo ab kahin aur ja chuka hai. Sale ne ek hi din baate ki, aur fir chala gaya, kahan gaya kuch pata nahi, par usne jo bhi bola tha usme dam toh tha. ye kahani yaha pe hi khatam ho gayi aur is khani ki nayi shuruaat aaj huie par wo bhi apne aap khatam hi ho gaya hai. Sale ne mujhe jeena sikhaa ke khud zindagi se haar gaya.

Uski kahani to khatam ho gayi par meri khani ek nayi mor le li. Mujhe nahi pata tha ki main use se mil pauga, par meri jindgi koi aur mor lena chahti hai. Lagbhag yaha sath din gujar chuka tha aur mere paas ab sirf aur sirf ath din bache hai, aur mujhe yaha se koi mila jo mere kahani ko pura kar sakti hai. GYANSHI wo sirf meri dost nahi thi balki ek perfect partner thi meri zindagi ke liye, par bolte hai na ki kuch kahaniya puri nahi hoti hai aur shayad uski kahani adhuri hi rahegi par mujhe yakin hai ki wo meri kahani puri karegi.

Aaj subah Ujjwal ka call aaya aur usne bola ki Gyanshi ka pata chal gaya uske pass uska address tha. Hameim bas

itna pata tha ki wo Hong Kong mein hai, kaha wo nahi
pata tha, par Ujjwal ko sab pata chal gaya tha aur bas aab
mujhe akhri baar us se milna tha. Aap sab soch rahe hoge
ki gyanshi kon hai aur wo baha kyu hai aur use mera kya
rista hai. Har kisi ke zindagi main koi hota hai, jo uski
duniya hota hai matalab uska pyaar. Ab aap ke pass ek aur
sawal hoga ki hum dono dur kyun hai ek dusre se. Har
ristey main ups and downs aate hai aur hamari life mein
ek down aaya tha. Yahan hume ek dusre ko samjhne nahi
paye. Jahan hume ek dusre ka sath chahiye wahan humne
ek dursre se dur hote ja rahe the.

Yahan pe main ye nahi bolunga ki wahan pe wo sahi thi ye
main galat, kyuki ristey mein kisi ek ki galti nahi hoti aur
wahan hamri galti thi. Aur usne bola ki ager hamra pyaar
sucha hoga to hum char saal baad yhi mileage tik isi waqt,
aur is bich mein na tumse contact karugi na hi tum
mujhse karne ki kosish karna, aur tum tension na ho
mujhe yakin hai mere pyaar pe hum fir milenge. Bas ye
bol ke wo mujhe chor ke chali gayi, par usey kya pata tha
ki waqt ne mujhe majbur kar diya hai use milne ke liye.
Usey gaye huye abhi lagbhag ek saal hi hua hai aur abhi
bhi teen saal baki hain. Kuch log bolte hain ki kho jana
pyaar hota hai to kabhi mil jana pyaar hota hai par hakikat
mein na nibha jana pyaar hota hai. Ha wo mujhse dur hai
par usne kabhi apne pyaar ka hak aur usey nibaane main
koi kami nahi rakhi. Ab baari meri hai apne pyaar ko
nibhane ki, aur main ja raha hoon hamare pyaar ko
nibhaane.

Ansh tu kahan hai

Are tu tension na le, jahan bhi hoon bahut khush hu

Tu dava le raha hai ki nahi

Ha par kyu

Kyuki tera zinda rahna bahut jaruri hai, Gyanshi ka pata chal gaya.

Tu avi ruk main kal hi delhi aa raha hu

Jaldi aa ja mere yaar

Meri nind tab khuli jab main hospital main tha, jab main delhi pahucha to meri halat tik nahi thi, mujhe bas itna pata tha ki maine raat ki tarin pakra tha, baki mujhe yaha kisne laya pata nahi. Jab main wahan pucha to ujjwal samne tha, aur mujhe kaise kuch ho sakta hai akhir kar mera dost doctor jo hai, or ye to bagwan ka rup hote hai

Are ujjwal tu kab aaya yaar

Main nahi aaya, tum yaha aaye ho. Tu apne aap ko samajhte kya hai ki tu bahut bada hero hai jo tumhe kuch nahi hoga, aur tune dawa kyu nahi li hai.

Are nahi yaar, maine li hai na

Jhoot bolna band kar de tu pahle, main doctor hoon samjha, mujhe sab pata chal jata hai. Bhai tu kyu aisa kar reaha hai

Bhai aab dava se kya fayda, jina to utha din hai na. Tu bas Gyanshi se mila de fir main aaram se mar pauga.

Tu fir se darma karne laga.

Yaar bas aab akhri baar gyanshi se milna hai, bas aab akhri baar. Tumhare is dost ki ye akhri icha hai bas aur kuch nahi chahiye.

Tu tension na le maine sab pata kar liya hai. Uske office ka naam hai Next media aur uska address aur uski sari information mere pass hai.

To chalein fir

Nahi abhi nahi, tu aaram kar baki main hu

Yaar aaram kar ke kya karuga, jab aankhein band hone wali hai

Ansh aaj aarma kar le, kal se main rokunga bhi nahi

Ham agle din visa apply karne gaye par hamra visa sension hone main lagbhag do mahine lagenge. Itne samay mein toh main mar ke dusra janam le lunga. Main kya karu kuch samajh nahi aa raha shayad meri mulakat adhuri hi rah jayegi. Ab hamare paas ek hi tarika hai illegal, par baat ye hai na ki ye bate sirf aur sirf film main hi achi lagti hai, asal ki duniya bahut alag hai bahut jayda.

Ujjwal ne ek transport agent se baat ki aur hum use ke pass gaye kya pata wo kuch help kar de. Par baat yaha bhi nahi bani, bina visa ke jana bahut mushkil tha bahut mushkil, wahan pahuchna to dur ki baat hum India se bhi nikal nahi payenge.

Ab ek hi tarika tha emergency visa ka. Emergency visa zyada tar wo log use karte hai jo bahut zyada bimar hote hai aur unhe as a special case main visa milata hai dusre desh ke liye. Hamre liye ye aasan tha taki Ujjwal doctor tha aur wo hamre sath chal sakta hai par yaha pe baat hai ki mujhe ye emergency visa nahi mil payega iske liye hame ek aise vyakti ki jarurat hai jiski halat bahut zyada gambhir ho.

Aaj bahut zyada raat ho gaya hai aur meri tabiyat tik tak hi hai par Ujjwal ko aisa nahi lagta isliye ab hame ghar jana hi hoga. Kal hum hospital jane wale hai aur wahan hum dhudhe ge us vyakti ko jo mujhe Gyanshi ke pass pahuchaye. Mujhe raat ko, yahan isliye laya gaya tha taki main aaram kar sakoon par kya karoon yaar meri har ek nind meri zindagi main se kuch ghante lagatar le ja rahi hai, aur main zindagi ka ek bhi hissa nahi chorna chahta hoon. Mere jaane ke baad ye duniya kaisi hogi, jahan sab log rahege mere bina par main wo dekhne ke liye nahi rahunga. Main ye sab nahi soch sakta kyuki mujhe wo dava diya ja raha jo mujhe zyada na sochne de warna mai apni kahani khatm hone se pahle khtam kar duga.

Ham dono ne lagbhag pure din emergency patient ko dhundha, wo to bahut mile par koi bhi unki risk hamre pe nahi de raha tha. Wo chahte the ki, un main se koi ek hamare sath chale par emergency visa bas ek ka hi banta hai wo 24hr ke ander. Ujjwal ko to assistant doctor ke

wajah se visa mil jayega, par mujhe visa milne ka ek hi
tarika tha aur wo ye tha ki kisi patient ka parivar ban ke
jau. Meri kahani aur kismat itni bhi achi nahi hai ki, main
is kahani ko ek happy ending de pau. Ujjwal sab ko meri
kahani aur condition bataya, kabhi kabhi to vhi kahani
dohra dohra ke uske akhon main ashu aa jate par usne
kasam kha rakhi thi ki uske dost ki kahani ko happy
ending deni hai.

Bahut se log bolte hai ki, dost ho ye pyaar dono ek samay
ke sath chor dete hai, aap is duniya main akele aaye ho aur
jaoge bhi akele. Baat to shi hai ki akele aaya hoon aur akela
jaunga par koi hota hai jo zindagi ke safar mein sath deta
hai. main na bahut khush hoon ki mujhe kuch yese log
mile sorry kuch nahi ek dost aisa mila, jo mere sath
hamesha raha. Maine na kabhi bhi dosti nibhane ki
koshish nahi ki na hi usne par jab bhi mujhe uski sabse
zyada jarurat thi to wo mere sath tha. Aaj bhi dekh lo,
apna pariyar apna samay apna kaam sab chor ke mere sath
hai. Jab kisi ko meri kahani pata chalti to bahut afsos
karta, par ek samay ke baad wo apni zindagi mein mast ho
jate aur ho bhi kyu nahi, ab sare logon ne meri zindagi ki
jimmedari to nahi li hai na. par ek hai jiske chehre se
pareshani nahi ja rahi hai. Main jitna zyada dhukhi nahi
hu, use zyada to ye hai. main to uske jagah pe nahi hoon
par ek samay ke liye rah ke sochta hu, to pata chalta hai
uspe kya bit raha hoga. Are meri to choro phichle ek hafte
se wo tik se kha bhi nahi raha hai. Mujhe nahi pata ki
khuda ke paas dua qabool hoti hai ki nahi, par aap sab
mere se vada karo ki use kuch hone nahi doge bahut zyada
emotional hai aur use sambhalne wala bhi nahi hai.

Mere jane ke baad wo kaise rahega nahi pata, wo jahan bhi rahe jiske sath bhi rahe khush rahe aur main chalta hoon ki wo mujhe aur meri yade ko bhul jaye kyuki jab jab main uski yaadon mein aaunga tab tab use zindagi kuch zyada mushkil lagne lage gi. Main bas itna chahta hoon ki wo waqt ke sath mujhe aur meri yadon ko bhul jaye sirf wo nahi sare log mujhe bhul jaye aur apni nayi jindgi ki shuruaat kare jisme main na hoon. Main nahi chahta ki mere jane ke baad koi mere liye aansu bahaye bas sab apni zindagi main fir se wapas laut jaye.

Do din ki mehnat ke baad hamein ek yesi family mili jo hame samjhi aur hamri bate mani. Ek beti ne apne baap ko thik karne ke liye ye tarika apnaya. Un dono ka ek dusre ke alawa koi nahi tha. Mujhe pata hai ki us ladki ke liye yakeen karna kitna mushqil raha hoga par unke pass koi tarika bhi nahi tha. main nahi chahta ki mere wajah se ye dono alag ho isliye ye meri jimedari hai ki main inki jindgi, inhe jane se pehle lauta du. wo mere pass aayi, uski aankhon main ek umeed thi, jo mere se judi thi.

Bhaiya, main apki sagi bahan to nahi hoon par fir bhi ye rakhi apke liye hai. Main duniya ki pahli bahan hogi jiski rakhi uske bhai ki raksha nahi karegi, par ye jahan jayenge iske sath sath mera pyaar bhi apke pass jayega. Main bas itna chahti hoon ki aap aur papa dono bapas tik ho kar aa jaye. Main aap dono ka intzar karugi.

Waise kisi main himmat nahi thi ki meri aakhon se aansu nikaal de, par tumne to nikal di, tension na lo ye aansu gam ke nahi balki khushi ke hain, aur baat rahi meri to main jahan rahu vahi se paresan karuga. Tune mujhe bahiya banna hai isliye kuch meri hak bhi hai. Ab tum tension na lo main lautu ye nahi, tumhari khushiyon ko jarur leke aaunga. ye tumhare bhai ka vada hai.

Hamne jaane ki tayari kar li. Jitni bhi process tha sab thik se ho gaya. Aur jaise hum chahte the waise hi ho raha tha, bas fark itna tha ki waqt bit chuka tha aur mere pass ab bas kuch hi din bache the. Mere bahut se organs kaam karna chor chuke the. Sas lene main bahut taklif sa ho raha tha, mujhe lagbhag 15 gante tak oxygen ki jarurat hone lagi thi yani din mein 5 litre se zyada. Aab baat kuch aisi ho gayi hai ki mujhe apna yeh sharir ko dhona par raha hai aur dhere dhere iska bajan badhta ja raha hai. Pata hai ek chiz shyad aap mahsus kar paye ye nahi par zindagi na ek dard hai, aap na ek time ke baad majbur ho jate ho aur fir zindagi ko chorna hi behtar lagta hai.

Waqt ki akhri umeed thi mere paas aur dhere dhere wo bhi ja rahi hai. main bas akhri baar apne papa se milna chahta tha. Mane na jindgi ki kuch sabse jaruri chize unse sikha hu. aur un se main na ek chiz sikhi hai, hamari life main jo bhi ristey mili hai wo aap ke hisab se kabhi nahi rahegi kyuki relationship kabhi bhi perfect nahi hoti, so accept karo aur aage badho. wo kya hai na ki papa ko jaisa beta chahiye tha unka beta waisa to nahi hai, par aaj tak unka pyaar mere liye kam nahi hua hai. Aab unhe pata hai ki unka beta aisa hi hai isliye ab wo use perfect banne main lage hai..

Mai aakhiri baar unse mila par unke samne aane ki himmat nahi jutaa paaya, bas unhe dur se dekh ke chala gaya. Wo aaj bhi meri ghadi pehante hain aur unhone aaj tak dusri nayi ghadi nahi li. Unhe akho main aaj bhi meri liye ummed thi. Kuch baaton ko likhna bahut mushkil ho jati hai, baatein bahut judi hain unse meri. Wo sirf mere papa nahi balki meri maa bhi the, unhone mujhe kabhi bhi ye mahsus nahi hone diya ki meri maa mujhe chor ke chali gayi hai.

Lagbhag 10 ghante baad hum wahan pahunche jahan hame pahunchna tha Hongkong. Meri oxygen ki level bahut jaldi jaldi kam hone lagi. Meri body halki halki blue rang ki hone lagi thi. Meri daayein taraf ki jitni bhi organ hai wo dheere dheere kaam karna band kar rahe the. Aankhon main jalan si ho rahi thi, aur ye sab kyu ho raha tha mujhe pata hai. Mere hatho se waqt ki dor fisalti jaa rahi thi. Mujhe kuch ho us se mujhe fark nahi padta aur mujhe kuch ho bhi nahi sakta jab tak ye dor mere sath hai, bas ab uncle ko sirf kar ke bahna ko call karna hai.

Maine achank se khud ko Hospital ki bed pe paaya, mere samne ujjwal tha aur mere bagal wali bed pe uncle the yaha se mujhe sukun mila ki wo thik hai. Meri shareer dheere dheere kaam karna band kar raha tha. Meri kahani dhere dhere ab khatam ho rahi thi. Main khud apna ant dekh raha tha. Yahan pe bahut ajeeb si feeling hai bahut zyada ....

#2 (Ha vh aaya tha)

Haan wo aaya tha mujhse milne par wo ab wahan hai jahan se laut kar aana kafi mushkil hai yaa kaho to namumkin hai. Jo kahani aap padh rahe the wo toh abhi bhi baaki hai. Par ye kahani jiski thi, wo hamare beech se chala gaya. Wo hum sabko rula kar khud muskurata hua chala gaya. Wo jane se pahle hum Sab ke waade pura karta raha, hum sabko khush karta raha par use kahan pata tha ki wo sari khushiyan jo usne hum sab ke beech bati hain wo bhi uske sath hi chali jayegi. wo hamesha bolta tha ki uski kahani Adhuri hai nakamyab hai, bhale hi wo zindagi mein kamyab na ho paya par uska safar aur uski zindgani dono Kaamyab rahi hai, aur sabse badi baat uski kahani poori rahi hai. Maine ussey wada kiya tha ki main uski kahani poori karungi, aur Uske muskurate hue Chehre ko kabhi bhi khatam nahi hone dungi.

Humari kahani ki shuruaat ek uljhan ke saath hui aur iska ant bhi ek uljha hi banke reh gaya . Hum pehli baar shivaji mountain peak par mile the. Maine logon ko hamesha ye kahte suna hai ki pahli mulakat main barish ka sath hota hai par hamari mulakat main na hi barish aayi na hi mausam suhana tha, kuch hua bhi to bas uljhan. Apko filhaal kuch samajh me nahi aa raha hoga, koi baat nahi main hoon na main aap ko batati hu. Waise hum dono ek hi college me padhte the aur ye baat mujhe tab pata chali thi jab humare do saal yaani ki char semesters khatam ho chuke the. kitna ajeeb hai na, hum ek collage mein ek hi class mein, par ye janab kaha the mujhe toh pata hi nahi tha, koi itna chup ke kaise reh sakta hai. Aap ko lag raha hoga ki main iske bare main aisa kyon bol rahi hu, koi baat nahi poori kahani khatam hone ke baad aap bhi yahi bologe. Ye janab bas dikhte sharif hain, par usne kuch bade bade kaam kiye hai, jiske baare me aap soch bhi nahi sakte ho, per aap tension na lo main dheere dheere kar ke inki sari harkat bata dugi apko. Ye mere dost ko ek letter likhe par vh pen aur paper wala nahi, naye zamane ke tarike se. Matlab pure das rupye ke message pack ko activate kar ke inhone kuch words likhe the, sorry kuch words nahi 'kuch emotional words' likhe " Main tumse bahut pyaar karta hoon agar tum mujhse pyaar nahi karoge to main shivaji mountain peak par se kud ke apni jaan de dunga" bas ye alfaaz likhne mein isne pure das rupay kharch kiye the. Maine kuch nahi dekha, bas jake use thappad laga diya aur bola tu sucide karega na ja kar na ab sucide, ab dekh kya raha hai, ya main teri kuch help karoon? aur tu tension na le tere tervi pe pure college ko khana khila dungi, tu bus aaram se sucide kar. Main use idhar boli ja rahi thi aur meri dost Varsha baar baar mujhe tok rahi hai. Pahle to inki help karo aur fir inse hi inki hi galti par inki hi suno. Par isbar galti uski nahi meri thi maine dusre bande ko thappad maar diya, bura bhala suna deti toh chalta, par thappad bhi mar diya hai, par galti us ladke ki hai use white shirt pehan kar aane ko bola gaya tha par usne red shirt pehan li toh main kya karu. Aur wo ladka uske agal bagal hi mandra raha tha jisko maine tappad mara wo kabhi akele me mile to main usko achhe se batati. Ab mujhe usko sorry bhi bolna hai warna wo sach main na kud jaye. Main uske paas gai aur boli "sorry yaar wo meri friend ko ek ladka pareshan kar raha tha aur usne bola tha ki wo white shirt pehan ke aane wala hai so mujhe laga wo tum hi ho, par ye to wo hai jo tumhare aas paas bhatak raha hai aur tumhare sath hi yaha aaya tha.

Usne bola such me ye hi hai na ek baar phir soch lo kyu ki ye mera dost hai

Aap meri dost se puch lo ye wahi hai

Par usne to mujhe white shirt pehane ko bola tha

Kya? Yani aapko ye maar khilana chahta tha

Hum dono toh waha se chale gaye par wo pure raste apne dost ko marte gaya. Jo gussa usey hum par nikaalna tha wo usne apne dost par nikal diya waise jo bhi ho kya dosti hai inki aur kya dosti nibhaya. Ghar aane tak meri hasi nahi ruk rahi thi. waise ruke bhi kaise baat hi kuch aisi thi.

Hum to sath huye the par hamare sath hone ke liye ek shaks ne qurbani di thi wo tha Ujjwal. Ujjwal ne neet ke liye entrance diya tha aur usne qualify kar liya aur kare bhi kaise nahi wo toh topper tha. Wo to doctor ban hi jayega. Uska college start ho gaya tha isliye wo apne dost ko chod kar chala gaya. Ujjwal sirf apne dost ko hi nahi balki mere dost ko bhi chor ke chala gaya tha. Aap ye soch rahe honge ye kab hua, so sorry main apko batana hi bhul gai. Ansh ne jo tappad khaya tha, wo bekar nahi gaya tha. Maine use thappad mara aur chemistry inki chalu huie , aur thodi thodi meri bhi chemistry shayad par ye sirf shayad hai. Ab jab action hoga to reaction bhi hoga. Par ye reaction hona aasan tha par reaction ke baad bahut mushkil hai. Abhi aap ko pata nahi chalega ya fir aap shayad mano bhi nahi. Maanoge kaise aap ke hero ki baat hai. But tension na lo main apko apke hero ki reality se rubaru karawa dungi. Ujjwal aur varsa ka to long distance relationship ho gaya. Ek baat to thi ye duriya kuch zyada nahi bus zyada pyaar karne ki wajah ban jati hai.

Ek baat toh thi aapke hero main bas kuch zyada hi sarmile the dekho abhi thoda kuch ajeeb lagega par main aap ko kuch aise aise harkatein bataugi ki apko bahut achhe se samjh main aa jayengi. Wo mujhse pure 8 mahine chota tha per iska matlab ye toh nahi ki wo mujhse baat karne me itna jyada sarmaye aur inhe sharm sirf offline aati thi online to kabhi aati nahi thi. Chatting me toh dher sari baatein karta tha flirting bhi karta tha par jab batein samne bolne ki aati toh kya pata uska bp or pulse rate sab ek sath bad jata the. Ek din usne pucha tha ki "Paneer aata hai banana" to mene bola nahi aata but seekh lungi to fir usne bola tumko sikhna chahiye kyunki mujhe bada acha banana aata hai kabhi milo to main bata dunga kaise banta hai par wo ye bhul gaya tha ki main roj aati hoon uske collage me toh main agle din hi uske pass pen aur copy le jakar rakh dii aur main baith gyi ki wo batayega. Maine use copy aur pen diya bola ki likh do kaise banta hai. Wo pen to pakda par uska hath puri tarah se kaap raha tha likhna toh dur wo theek se pakad bhi nahi raha tha, aur jab maine uska hath pakda toh ab uske pair bhi kaapne lage. Aur iske BP aur Pulse rate dono alag hi level pe the, to ye hota offline mein aap ke hero ki halat, aankhon mein aakhein mila kar aaj tak baat nahi kar payi thi balki humara ek saal pura guzar gaya tha. Jo bhi ho ye sharmahat uspe achi lagti thi sirf achi nahi balki uspe suit karta tha main aaram se kahi ja rahi hoon aur jab main aau to uski chal hi badal jati thi. Main jab usse baat karu to uska badhta hua pulse aur bp, dono ek sath main uspe kitna acha lagta tha. Kuch kuch log hote hai jo bahut sharmile hote hai per yeh offline wala sarmila tha,sharmila hai isliye iski kahani ko kisi dusre kahani se compare nahi kiya ja sakta hai.

Aur iski kahani sirf itni rahti to sahi rehti par ye bahut alag tha ise neend aur gussa dono kuch jayada aati thi call toh ye kar nahi sakta tha aur ye neend ka sath toh chod nahi sakte the. Kabhi kabhi sorry kabhi kabhi nahi hamesha ye chat karte karte so jata main call karti rehti ek do baar nahi jab tak karti rehti thi jab tak uski ankhe nahi khul jati par uski ankhe to bas panch minute ke liye khulti thi fir ye apne nind ke sath sapne dekhne chale jate. Aur tab mujhe khayal aata ki ye kismat wala hai ki main apne ghar main hoon warna agar uske paas rehti toh usey jaga jaga ke baatein karti aur wo mere hote huye kaise nahi jagega .

Kabhi kabhi na koi Insaan apke liye jarurat nahi jaruri ban jata hai, aur Ansh mere liye jarurat nahi jaruri hai mujhe nahi pata uski kon si baat mujhe pasand aayi bas wo mujhe duniya ki is bheed se alag dikha sabse alag main kab kya karne wali hu sari bate use pata honi chahiye. Wo mujhse samne hoke baat nahi kar pata tha par iska matlab ye nahi ki wo meri care nahi karta tha. Wo meri har ek baat ka khyal rakhta tha sirf main hi uski best friend nahi thi wo bhi mujhe best friend maanta tha. Mujhe lagta hai ke is umar main life partner nahi balki best friend ki jarurat hoti hai hum aksar apni sari bate dairy me likhte hai, kyonki agar hum apni problem kisi bhi aadmi ko batate hai to wo hume judge karta hai. Aur diary hamesha hamari baatein to sun leti hai par wo hume kuch keh nahi sakti hai, magar meri dairy ki khasiyat ye thi ki wo meri batein sunnta bhi tha aur mujhe aage kya karna hai wo batata bhi tha, sirf ek dost hi nahi balki ek humsafar ke jaise. Meri diary to duniya ki sabse acchi dairy thi par wo kuch zyada hi busy rehta aur jab wo free hota tha toh uski neend usey mujhse dur karti thi, main bus itna chahti thi ki jab usey neend aaye to main us itna bata pau ki meri baatein poori nahi hui hain.

Maine use muskurate huye nahi dekha tha kyunki wo kuch zyada hi sharmata tha agar main uske paas jati toh wo ghabra jata yaa fir mujhse nazre chura ke chala jata. Maine usey muskurate huye nahi dekha tha par mere khayalon main uska ek muskurata hua chehra tha jisme wo bahut zyada khoobsurat lagta tha. kabhi kabhi wo smile wala emoji send karta tha na toh tab main use hasta hua dekh leti thi aur shayad maine ek chehra banaya tha uska apne khayalon main jisme wo kafi khoobsurat lagta tha. Uske daant hamesha nikle hue rehte the aur jab wo muskurata tha toh uski ankhe choti ho jati thi or fir wo kafi khubsurat lagta tha. Wo mujhse itna darta tha ki bus wo chat se hi baat karta tha call bhi nahi karta tha na hi receive karta tha. Jab bhi wo mere samne aata toh uske dono pair me se ek pair kapne lagta aur uski chal hi badal jati thi. Kabhi usse dekh kar galti se agar kuch bol deti toh kya hota wo toh rab hi jane. Par mere liye to ek chiz sahi hai ki kam se kam mera best friend mujhse darta hai aur wo bhi male best friend waise mera ek hi best friend hai.

Humari kahani aise hi aage badhte rahi, wo mujhse roj bolta ki campus ke ground main toh kabhi canteen toh kabhi yaha toh kabhi waha milte hai par aaj tak wo kahi nahi milne aaya, waise toh hum roj hi ek dusre ko dekh lete the, par ye hota hai na batein karna ya kisi ke sath akele baith ke batein karna wo aaj tak nahi hi hua tha aur mujhe toh aage umeed bhi nahi thi. Ye ladka bhi gajab hi tha, jitna mujhe teacher ke assignment ke liye tang nahi kiya utna to isne kar rakha tha. Par mujhe uski ek baat acchi lagti thi ki wo roz kosish toh karta hai na. Assignment se yaad aaya ek baar toh isne mujhe pura assignment banane ko diya kyu ki inke internal marks kuch garbara rahe the. Aur ye baat toh duniya ko pata hai ki ladkiyon se zyada acha assignment koi nahi bana sakta. Aur ye baat apke hero ko bhi pata thi waise wo sirf apka hero nahi balki apse zyada mera tha, baki to aap samjhdar ho. Aur usne wada kiya tha ki agar main uski assignment complete karti toh wo mujhse milne aayega. Waise wo wada nahi bhi karta tab bhi main uska assignment bana deti but koi nahi. Maine bahut mehnat se uska assignment banaya aur usey pura bhi kiya. Par wo khud nahi aaya apne friend ko bheja. Aur uska friend aa bhi gaya, maine bhi usey bol diya agar usey assignment lena hai toh khud aaye warna main kisi ko nahi dungi. Phir bhi wo nahi aaya, usne punishment khai, daant suni, fine submit kiya, mujhe do din tak baat nahi ki, per apna assignment khud lena nhi aaya. Uska gussa uspe saaf jhalak raha tha. Aur kon bolta hai ki nakhre sirf ladkiya dikhati hai, ye sahab bhi kam nahi hai nakhre dikhane main, jab bhi thoda sa gussa kar do toh ruth jayege, fir inki hi galtiyon ki waja se aap inhi ko manao. Ye exam main mere piche hi baitha tha ye fail ho jayega par mujhse puche ga nahi, isliye mujhe khud hi soch aur samjh ke isko paper dikhana padta tha. Main kabhi bhi nahi chahti thi ki wo change ho jaye shayad isliye maine kabhi bhi uske is behavior ko lekar kabhi usko toka nahi aur na hi kabhi usko roka. Yahi ek kaaran tha jiski wajah se wo mujhe is bheed se sabse alag dikha. Wo aisa hi acha lagta tha ekdam pyaara sa masoom baccha. Par woh dekhne mein jitna masoom tha badmash bhi utha hi tha class me text karta rehta tha "tum mujhe hi dekh rahi ho na maine dekha" toh main bhi bol deti thi ki agar maine tumko dekh li na to fir puri class tumko dekhegii soch lo!! fir wo text karna hi band kar deta tha

Masoom sa chehra inka itna sath deta tha ki aaj tak inhe punishment dene wala teacher bana hi nahi. Sare bacho ko punishment mil jata par inhe inka chehra dekh kar chor diya jata. In hone aise aise kaam kiye hai jise hum kand kehte hai. Par fir bhi inka masum chehra inko bacha deta. Par janab ko sara panishment ek din interest ke sath chukana pada. Aur jo masoom chehara inki hifajat karta tha wo bhi us din nahi kar paya.

Humare professor N. Mukharjee sir class le rahe the, aur ye class, class nahi hoti balki mummy waali Lori hoti hai bas farak itna hota hai ki ye Lori humare sir sunate hai, Nind dono me kafi achi aati hai. Par hamare class mai na, hume aisa neend se protect karne ka task humare backbenchers ko diya jata hai, Aur wo aise kaam main kafi anubhavi bhi hai....

Aur unhone ye boring si lecture ko khas bana diya. kisi ne sir ke lori ke sath music nikalni shuru kar di jo kafi achhi thi mtlb ekdam perfect. Pehhle hamne dhyan nahi diya fir jab hum ne achanak dekha toh maine dekha ki chalk ko scale se ragad ke wo aawaj ko utpan kiya ja raha hai, jo hamare neend ko nasht karne ke liye kafi thi . Mujhe laga ki yeh silsila ruk jayega, per aisa hua nahi. Ye jo inki nayi khoj thi, usko dusre tak pahuchna bhi to jaruri tha na. Isliye inhone apni ye khoj ke bare mai sab ko bataya aur sab ne ye khoj main badi dilchaspi bhi dikhaai. ab sirf backbencher nahi balki usey aage wale bhi kuch ladke ye kaam karna shuru kiya. Yaha tak toh baat thik thi, per jaise hi Ansh ne ye kaam shuru kiya mukharji sir ki nazre use pe pad gayi. Ab yaha pe dekhni wali ye baat thi ki uska ye masoom chehra uska sath deta hai ki nahi. Par uske masoom chahre ne bhi usey move on kar liya. Bolna toh nahi chahiye zyada, per usey jo us din vh doz mila tha vh use milna bhi bahut jaruri tha warna ye masoom chehra ka bharam uske zindagi bhar rahta. Usey mara toh mara aur toh aur principal office bhi le gaye aur suspend karva diya. Unho ne uspe ye ilzaam lagya ki wo ladki ko dekh ke siti mar raha tha. Ye baat mukharji sir ko kon batiye ki ladki pe siti marne se pahle unhe dekha bhi jaruri hota hai, Par ye to Ansh hai dono main se ek hi kaam kar sakta hai yah to siti mar le vh bhi ladki ke dekhne se pahle nhi to ladki ager dekh le to iski siti gul ho jayegi .

Ansh aur Ujjwal dono bahut achhe dost the per dono ke aim bahut alag alag the Ujjwal apna MBBS pura kar raha tha aur Ansh economics se graduate ho raha tha. Mujhe aur Ansh dono ko mass and media se post graduate karna tha mujhe journalist banna tha usey editor. Pehle Ansh aur Ujjwal bahut achhe dost the per Ujjwal ka collage bahut dur tha aur usey Ansh se mulakat bahut kam hi ho pati thi. Ansh aisa tha ki use friend banna pasand nahi tha isliye usne abhi tak kisi ko friend nahi banaya tha. Bas main hi thi college mein uski friend, wo bhi aisi friend jise wo sirf online baatein karta tha. Humara course char saal ka tha aur Ujjwal ka course panch saal ka tha, humara toh wo last year tha per Ujjwal ka second last year fir usey MD karna tha yani specialist banna tha. Kabhi kabhi hum tiino kahi weekend pe jate toh wo waha bhi sirf Ujjwal ke sath hi batein karta balki main bhi wahi pe hoti. Ujjwal shamjhdar tha isliye kuch bahne banke chala jata per ye toh thahre pakke dost ye kaise inka sath chor de ye bhi unke piche piche jayenge. Main dikhne main itni bhi buri nahi thi yeh itni bhi boring nahi thi ki koi mere paas rehna hi nahi chahe. Ab inko ye bimari hai toh main kya hi kar sakti hu.

Hamre college ka last din tha, yani hamara farewell. Janab ne waade toh kiye the ki is baar jarur milenge par vo sare wade online the. Bhale hi filpkart ne har bhartiya ka online bharosa jita diya hoga per inke vade per bharosa karna mushkil hai. Yahan ye aakhri din kitni adhuri prem kahani puri ho gayi na jane kitne paper sirf do line likhne mein barbad ho gayi, kitne ek tarfe aashiq ko unka pyaar mil gaya, per pure collage main koi sabse zyada sharmata hai wo hai jo collage ke antim din bhi aake do baatein nahi keh sakte. Gussa toh bahut aa raha hai lag raha hai ki uska sir jake phod du per kya karu agar uska sir phod dungi toh fir mere se baat kon karega online. Isliye kuch nahi karti main warna na jane kitne taanke pade hote use. Meherbani toh bahut karti hoon uspey per ye sab meharbani waste chali jati hai. Ladko ki bhi sarmane ki ek umar hoti hai kuch ladke bachpan main sarmate hai kuch tenth tak sharmaate hain, kuch ladke first year tak halka-halka sharmaate hai par uske baad toh unki bhi sharm ka naash ho hi jaata hai parantu ek ye janab hai jo umar bhar lagta hai sarmayege, wo mujhse us last moment per bhi milne nahi aaye aur main us gadhe ki kahani complete kar rahi hu. Maine uska assignment bannya, uske group main jake uska project complet kiya, usko data, usko manaya aur na jane kitne papar bale per wo mere sath mere samne meri aankhon mein aankhein daal ke do baatein nahi bol paya aur ye janab ko ek do mahine ka waqt nahi bal ke char saal ka waqt mila tha.

Hamara college complete ho gaya tha aur humne post graduation ke liye entrance ka exam bhi de diya. Mai apne ghar chali gai aur fir kuch din baad hamare college ki counseling thi. Ansh chahta tha ki hum dono ki collage same hi ho. Par isse koi fayda nahi hone wala hai Ansh ne poore graduation ka time toh paar kar hi diya ab mujhe nahi lagta ki ye post graduation main bhi mujhse baat kar payega ye nahi per jo bhi ho kam se kam ye koshish toh kar raha tha. Aur bhale hi ye koshish online kar raha ho par kar raha wo tha ye zyada badi baat hai. Ansh ke marks achhe aaye aur uske liye pura chance tha ki india ki top college mile but mere marks thode se kam the toh mujhe nahi lagta tha ki mujhe top faculty waali college mil payegi. Humne counseling toh kar diya tha magar hua wahi jo hona tha Ansh ko top five college offer kar rahi thi aur mujhe bas top 2. Main chah kar bhi top collage nahi le sakti thi but Ansh koi bhi collage le sakta tha. Aur wo mahasaye ko ranker collage ko chor ke mere sath mere college main admission lena tha. Maine Ansh se puch ki Ansh tum top college kyon chod rahe ho toh wo bolta hai ki unko mere sath apni college life bitani hai, aur ye mokha baar baar nahi milta. Yanni inhe yaad nahi hai ki yeh postgraduation hai aur ye 4 saal saath main bita ke aaye hai. Yeh bas offline, class main aate the inki baatein aur inse mulakatein dono online ki karni padti thi aur ye drama ek don mahine ye ek don saal nahi balki char saal chala. Toh mere pyare Ansh aap offline, india ki top college main admission lijiye aur waise bhi hamari baatein aur mulakatein online ho hi jayegi. Itna samjhne ke baad Ansh ne Indian Institute of Mass Communication IIMC mein admission le liya aur maine Symbiosis Institute of Media and Communication SIMC mein admission leli. Ansh ka college delhi mein tha aur mera college pune mein toh hamara milna shayad hi possible ho, kyonki hamre life ka ye important year tha ye time hamari career build karegi. Mujhe Pune shift hona tha aur college open hone main bus mahine bhar ka hi time tha. Ansh mujhe Station chodne aya tha. Ladka thoda change to hua hai kyonki usne mujhse baat ki wo bhi bina ghabraye hue aur wo bhi offline. Ye toh line pe aa gaya iske sath kya hua mujhe yeh to nahi pata but jo bhi hua jaise bhi hua sahi huya. Par fir mujhe baad main pata chala ki ye sir ji yaha railway ka free wifi use karne aaye the. Train aa gai thi aur khulne ka bhi time ho gaya tha. kabhi kabhi na kisi ko goodbye bolna bahut mushkil hota hai na. Main chah rahi thi ki Ansh thora sa aur time mere sath spend kare per kuch chizein soch ke hi achhi lagti hai. Main thori si uncomfortable bhi thi kyunki main pahli baar kahi itni dur akele travel kar rahi thi, but kabhi na toh kabhi travel karni hi thi na. Ansh tarin khul gai ab bye apna khayal rakhna aur bikul achhe se rahna aur ha ek aur baat zyada ladki ke aas paas nahi rehna thoda zyada cute lagne lage ho isliye baki agar possible ho toh milne jarur aana ek do baar agar possible ho toh. Ab jao bhi tarin khuli gayi hai. haa jaa raha hu. Ansh train se utar gaya main apne seat pe chal gai aur earphone ko plug ki aur baith gai. kuch der baad ticket collector aa gaya usne mera naam list main milana aur puch

"Gyanshi" ji ha main hi hoon

Ok, happy journey

Fir usne Ansh bola, pehle to maine achhe se suna nahi but fir usne bola Ansh kon hai, fir kuch der baad usne mujhse pucha ki ye seat wale aadmi ko apne dekha hai kya?

Nahi maine toh nahi dekha hai

Sir main hoon Ansh, wo washroom gaya tha.

Ok happy journey

Thank you

Ansh tum? per tum toh utar gaye the na

Madam ab ticket karya hai toh jana toh padega na, aur waise bhi mujhe nahi lagta ki tumhari ye 4000mah wali

battery tumhare pune pahuchne tak chal payegi, isliye
mujhe aana pada

Tumne ye dialogue kaha se sikhi hai

Are puri mehnat kar ke likha hoon yaar english movie ki
hindi main translate kar ke

Ohoo mehnat, waise ye online meeting wala ladka aaj
offline surprise kaise diya

Apne ticket ko book karne ke liye apne friend ko diya tha
but apko ye nahi pata ki apki friend kitni kam chor hai .
Usne mujhe apka kaam saunp diya

Mujhe to lag raha aaj yeh naye hero ki opening film hai , jo
etne dialogue mare ja raha

Haji bilkul bas apki kirpya rahni chahiye heroin jii, aur haa
jab job lage toh mere ticket ke paise lauta dena samjhe na

Are wah lagta hai tera graduation kam kar raha hai, paise
ki samajh ho gayi hai humare economics shahab ko

Ab gyan ki shi matlb Gyanshi, mere paas rahega toh gyan
toh aayega hi na

Yeh kiska Ansh hai yaar, really main tere ko char saal lag
gayi normal baat karne main kyon sir ji

Wo baat hai na madam ji pehle na aap se thora thora dar
lagta tha, fir dekha ki agar darta rah gaya toh ye char saal
ko gawah diye hi baki bache char saal bhi jayege ge, aur

use kya darna jo khud mujhse height main kam hai
miss.butki

Tu lamba hoke bhi kya kar liya char saal toh darta hi rah
gaya na mujhse

Chalo thik hai main ja raha hoon sone, raat bhar nahi so
paya tera hero bane ke chakar mai, aur ha, mera bag chori
nahi hona chahiye warna tera sara bag delhi leke chala
jaunga.

Ansh tum mere hero ho nahi balki kal bhi mere hero the
or hamesa rahoge bhi . Tum jaise bhi ho jis tarah bhi ho
meri taqat ho. Tum jab mere paas rehte ho toh ye ehsaas
hoti hai ki main khush hoon aur achi hu. Tum ek ehsaas
ho Ansh jo meri taqat banti hai. Tumko pata bhi nahi tum
mere liye kitna zaruri ho, main bas yahi koshish karti
hoon tu hamesha khush rahe masti karte raho muskurate
raho aur ha sabse zaruri tum sirf mere hi raho. Bachhe
setan hote hai tum bhi kuch kam nahi ho bahut pareshan
karte ho, ek bhi mokha nahi chodte mere majak udane ka.
Par tumhare hotho se nikali har ek baat mere liye bahut
khas hoti hai. Tum mere liye zaruri nahi meri zarurat ho
Ansh. Mujhe pata hai main tumhare liye perfect nahi hu,
meri toh height bhi nahi aati tere tak per tere pe sare hak
isi butki ka hai aur rahega.

Mai kosish karugi ki main tumhari perfect partner banu.
Tumhare khusiyon ki wajah banu, tumhare liye wo sari
chizein karoon jo tumhe pasand ho aur jo tumhe mere aur
kareeb leke aaye. Sote hue ek dum bacho ki tarah lagte kisi
ki nazar na lage bas. Shayad tumhare aankhon main dekh

ke ye sab baatein nahi bol pati par jab tum soi ho toh ye sari baatein bolna bahut aasan ho gaya. Bahut dino se tumhe ye baatein bolni thi per himmat nahi juta pa rahi thi. Par ab tum mere paas ho toh himmat hai isliye tumhe aaj sari baatein bol di.

Ansh ka phone uske pocket se gir raha tha, agar ye phone gir gaya toh mujh pe bahut gussa karega. Isliye maine uske phone ko bacha ke apne paas rakh liya. Waise toh kisi ka phone check nahi karna chahiye, par fir bhi kisi-kisi ka kar lena chaiye, par han aap kisi ka nahi kijiye ga. par yaha to password hai, agar ye utha toh password batayega nahi aur agar ye nahi utha toh password pata chalega hi nahi. maine uska naam likha tabhi nahi khula aur bhi bahut kuch kiya tab bhi phone nahi khula. Waise kisi ka phone nahi chuna chahiye gandi baat hoti hai. isliye maine phone wapas rakh diya. phone pach minutes ke liye lock ho chuka tha. Par maine pach min baad fir try kiya aur is baar maine apna naam dala tab bhi nahi khula fir maine soch liya ab ye nahi khulne wala ab kuch kar ke aadhe ghante ke liye lock kar deti hu. Fir maine butki likha aur phone unlock ho gaya. Ab mere paas ye power tha ki main ye phone ke sath kuch bhi kar sakti hu. Pehle maine call log dekha ki kis kis ka call aaya hai, waise ye buri baat hai par ab ye mera haq hai agar apka kisi pe haq hai toh sab karo nahi toh pitane ke liye tyaar raho. Iske call main sirf theen vakti hi mila, papa Ujjwal aur butki . Aur butki ek baad ek heart bhi tha jo red tha. Main bechare pe bekar main shaq kar rahi thi, but main kya karu iske shakal ki wajah se sak karna parta hai ek toh itna masum shakal hai aur harqat bhi masum wali hai, aur cute bhi lagta hai aur haa aaj kal toh kuch aur zyada lagne laga hai. Aur jab muskurata hai toh kya lagta hai haye main mar java, kisi ki nazar na lage isko. Ise zindagi main wo sari chize mile jo ise chahiye. Par maine toh iske gallery dekha to bhul hi gayi thi. Ansh such keh raha tha itne dialogue bolne mein kafi mehnat ki hai isne, isne apne pure gallery full kar li hai practice kar kar ke. Jab wo dialogue bolta aur uske dialogue galat ho jaye toh uske baad ka reaction iska bada hi cute rehta lagbhag 100 se zyada video thi, aur maine sare dekhi aur aab kafi achha lag raha tha. ye sharif dikhne mein hai warn harkat to badmaso wali hai aur jab galtiya karte hue toh aur cute lagta hai. Maine sari videos share ki khud ko, kyon ki baad main toh ye mujhe share nahi karne wala tha. Mujhe ek aur video dekha jisme uske papa kuch ga rahe the aur wo kafi behtar tha Matlab kya awaz thi sabse alag thi .

Ansh ki ankh khul gai aur wo sabse pahle apna phone hi dhundne laga. Aur usne apna phone mere hatho main dekh liya usne turant hi apna phone mere hatho se china aur phone ko lock kar diya. Wo mere taraf gusse wali nazar se dekhne laga, per mujhe pata tha is nazar ko kaise badlni hai. Zindagi main kuch sikha ho ya nahi but emotional blackmail karna toh sikh hi gayi hu, aur kisi aur se nahi Ansh se hi, ek masoom sa chehra banana hai. Kano ko apne hatho se pakadna hai aur aankhein thodi si choti karni hai, maine bilkul aisa hi kiya Ansh meri taraf dekh ke hasne laga. Humara safar abhi thora sa aur lamba tha aur is samye ki khas baat ye thi ki suraj dub chuka tha aur uski halki halki lali rah gaye thi aur Ansh mere baju main aake baith gaya. Kuch ehsaas ko batana bahut

mushkil hota hai na, aur unhe in panno mein kaid kar ke
rakhna aur bhi mushkil tha. Wo mera hath pakad na chah
raha tha but bechara abhi tak dar raha tha, uske hath kap
rahe the aur mujhe iske bare main pata tha, aur mujhe ye
bhi pata tha ki iski ye bimari thik kaisi hogi. Maine pehli
baar uska hath pakda pehli baar aur fir aisa laga ki main
akeli nahi hoon koi mere saath hai, koi hai mera sathi jo
mere sath zindagi bhar sath chalna chahta hai. Mere piche
rah ke mujhe aage badhta dekhna chahta hai, jab main
galtiya karu toh mujhe samjhaye mujhe chod ke jaye nahi.
Emotion ko bayan karna bahut mushkil hota hai, main kya
likh rahi mujhe khud nahi pata par aisa lag raha ki jo main
mehsoos kar rahi hoon wo ehsaas in panno ko de pa rahi
hu. Jab usne pahli baar mera hath pakda tha na, toh ek
sukoon mila tha aur wo sukoon zindagi main zaruri hoti
hai. Har ek insan se galtiya hoti hai par, hame us galti ke
liye na jane kya kya sunya jata hai kabhi kabhi toh hume
un galtiyoon ke liye bhi sunya jata hai jo hamari hoti hi
nahi hai, per ye sukoon hai jo hume ehsaas dilata hai ki
hamare in galiyon mein koi sath hai.

Mujhe ye nahi pata ki hum jo kar rahe wo sahi hai ki nahi,
shayad ye sahi nahi hai per ye galat bhi nahi hai. Mujhe
pata hai ye pane vh bhi padh rahe hai, jinke nazaron main
ye galat hai aur vh bhi padh rahe hai jinhe ye sahi lagta
hai. Mujhe aisa lagta hai ki sari cheezein, kya sahi hai ya
fir kya galat hai ye sari baatein condition pe depend hoti
hai. logo ko wo mohabbat galat nahi lagta hai jiska koi
future nahi hota hai, par wo mohabbat galat hota hai, jiska
koi future hota hai. Sach toh ye hai ki mohabbat jo bhi ho
galat nahi hoti hai. Bas kuch log samjh pate hai aur kuch

log nahi samjh pate. Ham na! bolte hai ki saccha pyaar kuch nahi hoti hai, bas yeh ek jhoot hai jo duniya ke samne bahut khubsurti ke sath pesh kiya jata hai, agar ye sach hai toh maa se kiya gaya pyaar bhi jhutha hai aur ek baap ka apne beti ke liye pyaar bhi jhutha hai, ek bhai ka bhi pyaar jhutha hai us behan ke liye jo use chod ke jane wali hai kuch dino baad. Aur wo insaan ka pyaar bhi jhutha hai jo kisi ko samjhta hai uski parva karta hai uske sath har pal bitana chahta hai, uske bhure waqt main sath deta hai. Is duniya mein koi bhi chize sahi ya galat nahi hoti hai bus wo ham pe hai ki hum usey kaise dekhte hai. Thoda mushkil hai but agar hum ye samjhe ki ek insaan ke liye pyaar kitna zaruri hoti hai chahe wo uski maa ka ho baap ka ho ya bhai ya bahan ka ho ya fir us admi ka ho jo usey samjhta hai. Pyaar toh na hi sacha hota hai aur na hi jhutha hota hai, na hi zyada hota hai na hi kaam, hai bas ye ek emotion hai ehsas hai jo hota hai kisi ek ke liye. Aur mera ye ehsaas Ansh ke liye tha. Uski muskan uski khushi meri khushiyon ke liye zaruri thi, uski jeet main meri jeet thi aur uski har ek haar mein meri haar.

Filhaal main hostel pahuch gayi thi aur mera jo kuli tha wo bhi tak gaya tha isliye humne ghumne ka plan cancel kar diya. Waise maine mazak main Ansh ko kuli boli, warna agar ye nahi hota toh mujhe hostel shirt karne main kafi time lagta aur zyada muskil hoti. College open hone main abhi bhi one weak ka time tha aur humne ye one weak bahut enjoy kiya, aur main pichle ek hafte se apni ungli pe India ke top-most mass media ke student ko nacha rhi thi. Waise ye sab baatein sirf yahi achhi lagti hai kyonki agar galti se bhi Ansh ke samne ye sab baatein nikal gai na toh mere adha time toh usko manane mein lag jayega. Ansh ka bhi collage open hone wale the aur usey jana zaroori tha per agar kuch din aur rukta toh acha lagta but uska career bahut zyada zaruri hai is time pe. Shayad ye pehli baar hoge, ki hume do saal alag rahna hoga aur ye soch ke hi mujhe ajeeb sa lag raha tha. uski train aane mein abhi late tha. Uske sath hi beti hu per phir bhi aisa lag raha hai ki woh mujhse kafi dur hai. Insan ke paas na bahut se medium hai sath rahne ke, yah phir ek dusre se judne ke liye per kuch chizo ko koi medium se jodna kafi muskil hota hai. kahi par kisi se suna tha long distance relationship, ab experience karni hogi. Ab wahi hoga jo is relationship main hota hai, hafte main ek do baar miss karne wale story lage ke woh bhi close friend kar ke, phir woh apne life main busy aur main apni life mai. Main yahi baat Ansh se bhi keh rahi thi but usne mujhe ek baat kahi jo hamare liye aur humare ristey ke liye khas tha "humri kahani na baki se alag hai, duriya bhale hi kisi ke pyaar ko dur karta hoga, per hamari beech ye duriya har baar hamare beech ka pyaar ko badaiyegi. Mujhe pata hai jo main ye baatein bol raha hoon woh baatein filmy lag rahi ho, toh main aapko bata deta hoon ki aap ka hero bhale hi is duniya ke liye hero na bane but ye aapki zindagi ka hero ban ke dikhaye ga, aur bakhi toh aap samjhdar ho. Trust me Gyanshi. " itna bolte hi uski train aa gai, main uska hath ekdam jor se pakri thi ekdam jor se. But mujhe uska hath chorna pada. woh mujhe se har ek pal dur ja raha tha aur ye waqt bhi nahi ruk raha tha. woh chala gaya aur yaha se hamari kahani mein ek naya chapter jud gaya. Ab woh mere paas nahi hoga jab bhi uski yaad aaye toh uski photo dekhi hogi. uska chehra aur uske drame dekhne ke liye video call karna hoga. Hamare paas sab kuch hai per fir bhi kuch nahi hai. Main usey jab chahu to call kar sakti hoon, jab man tab video call kar ke usko dekh sakti hu per usey mehsoos nahi kar sakti, uske hatho ko apne hatho mein tham nahi sakti. Mujhe use yaad nahi usey mehsoos karna hai.

Do saal bahut hote hai yaar Ansh, aa jao na aap. mujhe tumhare sath rehna sirf tumhare paas. Mujhe tumhari yaadein nahi chahiye bus tum chahiye, tumhe mehsoos karna hai.

Gyanshi main hamesha tumhare paas hoon tumhare sath tumhare paas, window kholo fir batata hoon ki main tumhare paas kaise hu

Khol li ab bolo

Jo hawa tumhare paas aa rahi uske har ek kan mai main hu, samne dekho jo chidiya ud rahi hai na uske sath main hu. Niche dekho jo bacche khel rahe hai na unke sath main hu. Apne hath main dekho in lakkeron me main hu. woh har ek muskurate chehre par main hu. Tumhare aaine me main hu.Tumhare paas hu, tumhare sath hu.

Kafi flirting karna sikh gaye ho, kaha se itne dailouge yaad kiye aur kisi aur pe try kiye na toh kasam se sir fod dungi.

Mai koi bhi dialogue yaad nahi karta,aur ye sare mere hai original content hai, isliye isey yaad nahi karne ki jarurat hai.

Accha ji but mere paas kuch hai jise tumhara ye bharam
toot jayega, agar mere hero ki ijajat ho to kya main ye film
chalau.

Ha ha kyun nahi, ab bharm apka hai ye mere pata hi chal
jayega

Maine kuch video aapko send ki hu jara dekhiye ga to

Are gadhie tere paas ye sab video kaha se aaya, delete karo
jaldi

Ye gadhie us gadhe se ab jyada chalak ho gayi hai

Maine wo saare videos send kar di jo train main uske
phone se transfer ki thi . Saare audition ka data tha mere
paas. Wo bhi bilkul original. Waise Ansh ne such kaha tha
ek baat, wo har samye mere paas hai, bas mehsoos karne
ki kami hai. Jab bhi vh kali bindi apne mathe ke beech
mein lagati hu tu, samne wo nazar aata hai, kyon ki ye
kaali bindi use bahut pasand thi.

Jab bhi halki si main sarmati hu to wo samne aa jata hai
kyon ki zindgi main use zyada to shayad hi koi sarmata
hoga. Jab bhi khul ke hasti hu to wo samne aake mujhe
dekhte jata hai aur jab main uski taraf dekhti hu to wo
sharmaa jata aur fir vahan se chala jata. Jab bhi window
kholti hu to wo hawa ke saath har waqt aa hi jata hai.

Or mere hero ji kaise ho app, dialogue likh rahe ho to aaj
kuch sunao

Acha , majak utha rahe ho kya. Koi nahi wo sab choro pahle ye bato ki maine jo bolo wo hua ya nahi yah ab bhi yaad aati hai yeh mujhe mehsoos kar rahe ho

Haa main to batna hi bhul gayi, kal jab window kholi to do machar aaye aur mujhe ye nahi pata ki un main se tum kon the. Maine socha dono ko sambhal ke rahungi per fir wo bhag ke supriya ke room main chale gaye fir jab tak main gayi dono ko badminton socks laga tha, ab main to doctor to hu nahi isliye dono to rakhi hu. Itna hi nahi niche jo bachhe khel rakhe use aaj hi do kutton ne daura diya bechare ka ro ro ke bura haal hai.

Achha ji, aaj lagta hai poori homework kar ke aaye ho.

Apke original content ke liye to itna kar hi sakti hoon na.

Yeh kuch yaadein thi jo hamre is chapter main add ho rahe the, kuch mite the to kuch dard wale the. Per yado ka kya hai wo banne hi jate hai kisi ko yaad karne ke liye. Mujhe nahi pata Ansh ko meri yade yaati hai ye nahi. Shayad utni nahi aati hogi kyonki uske classroom ka bhi load rehta hoga, Par uski yaad bahut aati hai. Kabhi kabhi wo yaadein mere study ko bhi disturb karti hai, par main kya karu kuch samjh me nahi aa raha tha. Pata hai ek dusre se alag rehna bahut aasan hai, per ek dusre ke sath rah ke fir alag rehna bahut zyada mushkil hai, bahut zyada. kyonki apke paas bahut si yade hoti hai. Mere paas bahut si yaadein thi aur un sab yaadon mein Ansh tha.

Kuch baatein aisi hoti hain jo lafzon mein kabhi bayan nahi kar sakti hain, use samjhana padta hai aur bas aap dua karte ho ki khas wo meri baat samajh paye. Kabhi kabhi aapki duwa kabul nahi hoti hai per kabhi kabhi aap ka khuda aap ki dua ko kabul kar deta hai. Main na Ansh ko bahut miss kar rahi thi shayad kuch zyada main use batana bhi chati thi, per na jane kyon bata nahi pa rahi thi. Main bas ye chah rahi thi ki bas meri ye baat wo khud hi samjhe, per jab upeer wala bin bate apki chah nahi samjh sakta, to wo to fir bhi ek insaan hi hai. Kabhi khahi hamri ladai khud se hoti hai aur khud se jeetna bahut zaruri hota hai.

Or mujhe ye baat tab samajh mein aaye jab maine apne friend ko khud se ladte hue dekha. Puri duniya uske sath thi uske papa uske mummy hamra pura collage. ek taraf hum sab aur ek taraf Kriti ka wo chehra jis se usko khud ladna tha. Mujhe pata hai aapko filhaal kuch samajh mein nahi aa raha hoga koi nahi, main shuru se suru karti hu. jab main pahli baar hostel main aayi to mujhe room no 9A mila, ab iska matlb ye nahi ki A hai to wo A class hoga. Us room main ham thin the ek Aradhya, Kriti aur main yani Gyanshi. Jab main room main gayi to madam log party kar rahi thi kyon ki wo log pehle hi aa gaye the aur pizza ka wo akhri slice bacha tha. Dono ne pahle pizza ki us akhri slice ko dekha fir mujhe dekha aur unki akhe saf kah rahi thi ki mine galat time pe entry li. Wo akhri slice pe mera hi naam likha tha. Meri entry bhale hi filmy nhi thi per ye use kam bhi nahi tha, agar mujh par film bane to main chahti hoon meri entry yahi se ho. Hamari dosti ki kahani, yahi us pizza ke akhri slice se hui thi. Kriti mumbai se thi aur aradhya bihar ki thi aur mera pata to apsab ko pata hi hoga. Kriti ko adjust karne mein zyada problem nahi hua but ham dono north walao ko problem kuch zyada hua. isliye local se vocal Kriti hi karti thi. Ye to inki wo bate hai jo inhe dekh ke hi pata lag jayega but ab main apko inki wo bate batati hoon jo sirf main hi aapko bata sakti hu. agar ye book wo dono padi to mujhe jaan se marne jarur aa jayegi chahe wo kahi bhi ho, aur waise bhi unhe bulane ka mere paas aur koi tarika nahi hai. Aradhya farmer family se belong karti thi aur Kriti brahmin family se thi. To hamre room main subah ki sugandh Kriti ke agarbati se hi aati thi, aur wahi agarbatti hum dono raat ko machar ko bhagane main use karte the. Ham dono ko Aradhya ke ghar se bane kahne ka intezar rahta tha. aur ye dono madam ko Ansh ke phone ka intezar. Kisi ne shi bola hai aurat ke pet mein koi bhi baat nahi pachti hai to mere pet main bhi ye baat nahi pachi aur wo dono kaise bhi kar ke Ansh ki janam kundali nikal li.

Ek baar main aaram se padh rahi thi jab baar baar Aradhya mujhe ishara kar rahi thi. main baar baar use distrubed ho rahi thi. Main zor se boli "Kya hua Aradhya" kaise to ye zor ki awaj Kriti ke kano main nahi pahuchi aur pahuche bhi kaise madam ne headphone ki sound jo full ki thi, waise bhi agar use din meri awaj sunai deti to main use kaise pakar pati. Madam aaram se Ansh ki photo ko zoom kar ke dekh rahi thi, maine kuch der intzar kiya sochi ki shayad galti se zoom hua hoga, per galti to sec ke liye hoti aur inhe to do minute lag gaya tha. Mujhe bahut gussa aaya bahut zyada maine kisi ko bhi hak nahi diya ki wo Ansh ki photo dekhe agar ye possessiveness hai to ha main hoon possessive. Aur aise bhi ye wesi chiz nahi hai jo kisi ke sath share kiya jaye. Maine lagbhag ek hafte tak Kriti se baat nahi ki kyon ki mujhe us harket ke baad bahut bura laga. Main bhale hi kuch nahi boli per mujhe uska chehra bhi nahi dekhna tha ab. Aur galti sirf iski nahi hai aaj kal Ansh bhi kuch zyada hi tez ho gaya hai,use bada smart banne ka shauk hai. jab main uske paas thi tab to hafte bhar nahata bhi nahi tha per jab dur hu to sir ji ko dressing sense ki fikr hai. ye sab us Ujjwal ke bache ka kiya hai, aaj kal usko bada mentioned aur party ka shok chadha hai. Mujhe bahut gussa aa raha tha Ujjwal pe aur sirf Ujjwal pe nahi balki Ansh pe bhi aa rahi hai. Isko to call pe hi battai hu

Hey Ujjwal kaha ho tum

Are wah, Gyanshi aaj mujhe kaise yaad kiya.

Kuch der baad pata hi chal jayega, pahle ye bato tum ho kaha fihal

Abhi to main Ansh ke sath mall main aya hu, per tum etna gussa main kyon ho

Ha hamko to pata hi tha, aaj kal tumhari dosti bahut zyada hi chal rahi hai, wese aap log batayega vaha kyon gaye ho

Are bas man nahi lag raha tha to aise hi ghoomne aa gaye.

Wah man nahi lag raha hai to ghumne jayenge wo bhi mall. Apko doctor ki degree kisne di. Aaj agar medical science etna piche hai to uski karan ho sirf tum, Jaha padhna hai wahan mall ghoomne jate hain

Lagta hai aaj taba kuch zyada garam hai, accha lo Ansh tumhara call sun ke dora aa raha hai

Ooye Ansh Gyanshi ka call hai, bahut yaad kar rahi hai tumko na jane pyari pyari bate kar rahi hai bol rahi hai Ansh se baat karni hai

Are Gyanshi aaj aise achanak kuch kaam par gaya kya

Ha kaam hai na, mujhe kapde chahiye dher sari

Are wah main bhi mall aaya hoon bolo kya chahiye

Chup raho tumko bada mall jane ka shokh chadha hai, kyon tum to online kapde kharidte the na to ab kya hua sari company band ho gayi kya, ki tumhe koi company kholni hai, ye kisi ki company chahiye

Kya huya Gyanshi aaj bahut gusse mein lag rahe ho.

Ha gusse mai hu kya karoge tum, sant karoge mera gussa. Jo bhi jaldi se hostel main jao then call karo wo bhi video call samjhe aur haa zyada face wash aur spray kharidne ki jarurat nahi hai. Chalo jao ab jaldi.Ok bye

Ha byee.

Tune kya bola tha be, bahut pyaar, tu pahle edher aa to aur tujhe kon bolne ke liye bola tha ki ham mall main hai

Accha ji, main abhi tak call cut nahi ki hu, agar kabhi jhuth bola na to sir phod dugi teri. Jaldi jao ab byee

Mujhe lag raha ki main kuch zyada hi bol di. Ansh ko bolti thik tha but Ujjwal ko bhi na jane kya kya bol diya, aur Ansh ko bhi nahi bolna chahiye tha uski bhi to life hai usko bhi to jine ka saukh hai. Use lag raha hoga ki main use bahut jyada pareshan karti hu, usko uski life jine nahi deti. Main use ked karna nahi chahti. Maine Ujjwal se sorry bol diya kyon ki baad mein mujhe bahut bhura laga , Per main Ansh se sorry nahi bolungi. Main agar usko leke possessive hu toh isme meri koi galti nahi hai. To main to usko kabhi bhi nahi sorry bolne wali.

Aaj kal Kriti ko kya pata kya ho gaya hai, wo mujh se achhe se baat bhi nahi kar rahi hai. Maine to use kuch bola bhi nahi tha per fir bhi wo achhe se baat bhi nahi kar rahi thi, agar use mujhse kuch problem hoti to wo sirf mujhse baat nahi karti but wo aaradhya se bhi baat nahi kar rahi. Kuch toh huya hai jo wo ham sab se chupa rahi hai. wo collage se aati aur fir dava kha ke so jati, jaha tak mujhe pata wo ekdam thik hai fir bhi wo dava kyon kha rahi hai pata nahi. jab wo so gayi to maine uski dava dekhi aur us dava pe likha tha benzodiazepines. Maine aaj tak ye dava ke bare main nahi suna tha aur na hi ise istemal kiya tha maine aradhya se bhi pucha per use bhi kuch nahi pata tha. Ab mere paas ek hi upaye tha, maine Ujjwal ko call kiya. Mujhe nahi pata wo call utha payega ki nahi,kyunki raat ke 2 baj rahe the. Usne call uthaya.

Hey Ujjwal

Ha Gyanshi bolo kya huya itni raat ko, Ansh thik hai na usko to kuch nahi huya na nahi yaar wo bilkul thik hai, mujhe teri help cahiye thi

Ha bolo na kya

Meri ek friend hai jo roz benzodiazepines kha rahi hai, koi dikat to nahi hai

Wase wo kitna quantity main cousmed kar rahi hai

wo roz raat ko 2 tablet leti hai

Are sit yaar, dekho Gyanshi generally wo unlog istemal karte hai jinke bp high rahti hai,yeh fir wase log jo bahut zyada depressed hote hai, jinhe raat ko achhe se nind nahi aati hai, but ye last stage pe di jati hai aur wo bhi hafte main ek tablet, warna ye brain pe bahut zyada effect dalta hai. Kuch cases main ye bhi dekha gaya hai ye hamre neuron ko dhere dhere khatm kar deta hai.

To ab ham kya kar sakte hai

Tumhe pahle to usko wo dava lene se rokna hoga but ye karna bahut muskil hoga. kyon ki wo us drugs ki addicted ho chuki hai, aur achanak se drugs ko rokte hai to side effect kuch jyada hogi, but iske ek uapye hai agar use pyaar se handle kiya gaya to ye fir uski depression ki karan ko kharm kar diya jaye to wo ekdam normal ho jayegi.

Ok Ujjwal, wase thanks you

Are thank ki jarurat nahi hai ye mera kam hai

Iske liye nahi, jab maine call kiya to tum ne Ansh ki fikar ki, Mujhe gabraya dekh kar ek hi baat puchi ki "Ansh kaisa hai". wo bahut lucky hai ki tumhare jaisa friend hai uske paas.

Nahi Gyanshi lucky wo nahi mai hu kyon ki mujhe Ansh jaisa dost mila. Ek time tha jab mere gusse ki vajah se koi nahi tha mera paas, yaha tak wo bhi nahi jise main pyaar karta tha, Per ansh har waqt mere sath khada tha, aisa nahi ki maine uspe gussa nahi kiya maine bahut kiya, bahut bura bhala bola aur na jane kya kya, usko galat samjha. Per bolte hai na kuch log thethar hote hai kuch bhi kar lo unpe asar hota hi nahi. Maine na usse bahut zyada hurt kiya hai shayad kuch jyada hi.

Apne aap ko sambhalo yaar, Ansh hamesa tumhare sath hai sath tha aur sath rahega bhi, main promise karti hu. Chalo ab so jao good night

Meri good morning kar ke mujhe good night bol rahi ho.

Mere paas na hamesa se kuch log rahe hai jinhe main hamesa apni bate bataie karti thi but iska matlb ye nahi hai ki sare logo ke paas wese log rahte hi hai. Mujhe nahi lagta ki Kriti ke paas koi hai jise wo sari bate bata paye, agar aisa hota to aaj wo yeh kadam nahi uthathi. Log shi kahte hai ki dard batne se kam hota hai. Main na aaj tak kabhi akela mehsus nahi ki hu kyon ki, Ansh hamesa mere sath khade the. Main aaj jahan tak bhi hu na vaha tak aane main, meri khud ki hath hai but iska matlb ye nahi ki kisi ka sath nahi hai, agar Ansh ka sath nahi hota to ye rasta bahut muskil hota ye shayad namumkin. Mai Kriti ke paas gayi kyon ki shayad usse hamri bahut jarurat thi. main uske sir pe hath rakhi aur use halke hath se sahlane lagi. Mai kabhi roti nahi but use dekh kar aisa laga ki dil pe koi bojh hai. Use dekh ke meri akhe nam ho gai.

Kriti mujhe nahi pata tujhe kya hua hai, tum kis condition se guzar rahi ho, Per main hamesha sath hu aur sath thi. Tum kabhi galat nahi ho sakti har baar condition galat hota hai yaar aur agar aaj galti nahi karoge to zindagi ka matlab janoge kaise. Wada karti hu tum jo abhi bate mujhse share karoge na us bate main tumko na hi sahi aur na hi galat samjhe ge, bas tumhari problem ko tumse alag kar ke uski solution dugi, promise karti hu.

Nahi Gyanshi, kuch bhi nahi hai bas aise hi kabhi kabhi thak jati hu to azib lagta hai isliye aisa hota hai baki kuch bhi nahi

Tumhe kya lagta hai ki tum bahut tez ho, agar aisa lagta hai na to tum galat ho ekdam kyonki tumhari thakabt muskurahat sab mujhe tumari in aakho ko dekh ke pata chal jati hai.

Nahi yaar main tez nahi hu agar tez rahti to mujhe kamse kam ye pata hota ki kya shi hai aur kya galat hai but mujhe to yah bhi nahi pata ki kya shi aur kya galat hai

yaar tum ro nahi na please, Mai hu nn sab shi ho jayega but use liye tumhe batna to hoga na

Gyanshi jab main ninth main thi na to ek ladka tha mohit, har samye mujhe dekhta rahta tha mujhse dosti karne ke liye puri koshish karta tha. Mere liye teacher se daat sunta tha, agar koi mujhe kuch bol de to use chorta nahi tha usko bahut marta tha. Mera intezar karta tha mere ghar se leke school tak mere piche piche aata tha. Ek baar to maine use bahut bola bahut data aur wo chup chap meri bate sunta raha sar jhuka ke, aur ek shabd bhi nahi bola. Vaha pe uske dost usko dekh kar has rahe the. Mere jane ke baad fir usne unko bahut mara, per uske dost uska majak udhana band nahi kar rahe the. hamari kahani aisi hi chal rahi thi aur kahi na kahi mujhe wo acha lagne laga tha. Uski sari harkat mujhe pasand aata tha aur main bas itna chahti thi ki wo hamesha yesi hi harkat karte rahe mere liye, per usne zyada der nahi ki, ham eleventh main the usne mujhe propose kiya aur maine use accept kar liya. Hamri bate din bhar hoti, ham dono sath main mil ke bahut sare sapne dekhe the jo hame pure bhi karne the. Zindagi yesi bhi hoti ye yakin karna muskil ho raha tha, aisa lag raha tha ki, kuch khubsurat ehsas hai jo hamre sath ho rahi hai aur kuch baki hai. wo meri bahut care karta tha, har waqt mere sath rahta tha. Mere liye dher sari gifts lata tha. ye mera pahla pyaar tha, Per log bolte hai na ki jise aap bahut zyada pyaar karte ho na wahi aant main aapko bahut zyada takleef deta hai. Mujhe nahi pata tha ki hamare pahle pyaar ka ant is tarf hoga, aur wo mujhe bahut taklif dega. Lagbhag pach mahine guzar gaye, main call karti per wo uthata nahi tha. Usne mera number block kar diya tha. jab main use puchne ki kosih karti ki kyon wo mujhe ignore kar raha, to wo mujhe bahut zyada datta aur ek baar usne mere pe hath bhi uthaya tha. Mujhe samajh me nahi aa raha tha ki kya ho raha. Jo mujhse itna pyar karta tha wo mujh se achanak itna zyada nafrat kaise kar sakta hai. Hamari board exam pass thi, aur usne bola tha ki exam ke baad wo pahle ki tarah baat karega. Boards khatam ho gaye, aur hamra pahla pyaar bhi. Maine bahut sare numbers se use call karne ki koish ki, per wo har baar call cut kar deta aur fir mera number block kar deta. wo ab yaha nahi rahta . wo mujhse dur chala gaya tha koi ache se college main. Uska admission ho gaya tha, per mera exam bahut khrab gaya bas jaise taise kar ke paas huie thi . Ye aisa dard tha jo main kisi ke sath share bhi nahi kar sakti thi. Mere sath kya ho raha tha mujhe ye bhi nahi pata, per jo bhi ho raha tha bahut darawana tha. Us din mujhe pata chala ki jo dard dikhte hai wo dard nahi dete jo dard nahi dikhte na wo bahut zyada takleef dete hai.

Mai ye sab se kafi dur chal gayi thi, ha dard chubhte the per ab dhere dhere wo dard bhi khtam ho rahi thi. Meri life mein ek ladka aaya "Anshu" wo bilkul anjan tha per wo bahut acha tha. Ek cute si smile thi uski, aur uski bate use bhi badi badi rahti thi. Use jab bhi bate karti thi to meri hasi nahi rukti, shayad wo mujhe hasane ke liye hi mujhse baat karta ho. Wo meri bahut care karta tha, har baar mere bare main sochta tha. Ham ek dusre ko bahut achhe se janne laage, aur ham ab bikul best friend ban chuke the. Main use bahut pyaar karne lagi thi kyonki wo karan tha meri khushiyon ka. Wase to hum ne wada kiya tha ki hum ek dusre ko kabhi perpose nahi karenge, isliye wo to mujhe perpose nahi karega kisi bhi halat mein isliye maine use apne dil ki baat bata di. Main bahut dar gayi thi kahi wo mujhe chor na de. Per aisa kuch nahi hua, usne mujhe accept kiya. Maine socha tha ki hum ise purpose karenge to hamre bich shayad uthna pyaar na rahe but aisa nahi hua. Usne mujh se bahut se vada kiya tha aur wo ek - ek kar ke wo vade pura kar raha tha, mere liye sirf. Mere liye har din khas hota aur wo khas ki vajah vh hota . Uski har ek bate har ek harkat meri liye khushiyo ki vajah ban jati. Hamre relationship ko lagbhag ek saal ho gaya tha aur main bahut khush thi. Par aapke life main kuch log hote hai jo apke dard main to paas nahi rehte, per jab aap khush rahte ho to apko dard mahasus karane fir se aa jate hai. lagbhag char saal baad mohit ka call aaya, usne mujhe sorry bola. Ab wo aisa nahi tha jaiise pahle tha ab wo bahut zyada badal gaya ekdam achhe se rahta tha, gussa nahi karta tha, aur kahi kahi na mujhe fir se mohit accha lag raha tha per wo bhi bahut accha tha yaar. Per hamra pahla pyaar to pahla pyaar hi hota na. main chahti thi ki Anshu mujhse chor de kyonki main mohit ke sath bahut khush rahugi. Pata hai Gyanshi jab Anshu ko sabse zyada meri jarurat thi na to maine uska sath nahi diya tha. Usne mujhe call pe pucha tha ki kya wo mohit ke sath khush rahegi aur vaha pe ham thino the, main mohit aur Anshu aur maine haa bola tha, etna hi nahi maine ye bhi bol diya tha ki main kabhi bhi uske sath khush nahi rahungi. Dil to dukha ho yaar uska shayad itna ki jise sabdo main baya karna bahut muskil hai, Per such to ye tha ki main kabhi bhi mohit ke sath khush nahi thi aur na hi shayd rahti ek hafte tak hamri acchi se baat hui per abhi bhi hamra jhagra band nahi huya, wo bilkul nahi badla tha bilkul bhi nahi. wo fir se mujhe chor ke chala gaya, pata hai Gyanshi main uske liye Anshu pe hath uthaie thi. ek hafte pehle main Anshu se milne gayi thi use sorry bolne ke liye, per use apna haal kaisa bana liya yaar.. Ek room main khad rahta hai, uski smile kaha gayi yaar pata hi nahi chal raha.

Maine uski smile chini hai, aaj jo bhi uski halat hai wo meri vajah se hai. Main to use milne gayi thi yaar per uski halat dekh ke use baat karna to dur ki baat, nazre bhi nhi mila sakti aab . Main agle din fir gayi thi per na jane wo kaha chala gaya, use pata chal gaya tha ki main use milne aaie thi. Usne apne dost ko bhi nahi batya ki wo kaha gaya hai kyonki use pata chal gaya ki uske dost ne hi mujhe uska pata diya tha. agar use kuch ho gaya na yaar to main apne aap ko kabhi bhi nahi maaf kar paungi. Yar Gyanshi galti sab se hoti hai mujhse bhi ho gaie, mujhe pata hai ye galti bahut badi hai maine uska bahut zyada dil dukhi hu. Aaj bhi jab woh pal yaad karti hu to akho mai aasu aa jate hai. Main etna hurth ki hu use apne vajah se to socha nn yar wo kitna dukhi hoga. Maine use rota hua dekhi jo mujhe hamesa khush rakhne ke liye har ek koish karta tha, aaj meri vajah se tut gaya hai. Ab tum hi bolo yaar kaise main rahu kaise ek ek pal kaat rahi hu wo main hi janti hu. Jab koi tumhare liye itna kare aur fir aap ki vajah se chale jaye na to ye dil na jaane kyon use bhula nahi pata.

Dekho kriti, main tumko jhuthi tasli nahi dugi, main tumhari jagah pe nahi hu so main kabhi bhi tumhari condition ko nahi samjh paungi but yar tum meri ek baat yaad rakhna. Ham sab na asal main pyaar karna film se hi sikhte hai. Hamre charo taraf wahi kahaniya hoti jiski ek happy ending hoti uska pehla pyaar unko mil hi jata hai, per tumhe pata hai ek baat hamari zindagi koi film nahi hai jiska pahla pyaar laut ke aye, aur jo hame chor ke chala gaya wo hamra pahla pyaar kaha.

Ansh tumhara pahla pyaar hai, ye Ansh ki tum pahli
mohabat ho

Mera pehla pyaar tab hua tha, jab main thik se iska matlab
bhi nahi janti thi, to mere hisab se to Ansh hi meri pahli
aur aakhri mohabbat hai. Usne mujhe sikhaya pyaar kya
hota hai.

Ansh bahut khush hoga na tumhare sath, Wase tum dono
sath main acche dikhte ho, tum dono hamesa khush raho

Aaj tere ko kya hua etna pyaar tumhe kyon aa raha hai wo
bhi mere pe. Kuch chahiye kya, isliye blessing chipka rahi
hai

aisa nahi hai, teri bhalai to main kabhi nahi chahu per ab
kisi ki massi banugi to uski maa ko to blessing to deni
padegi na.

ab zyada nahi ho raha Kriti, chalo koi nahi ab so jao. aur
hai agar ab se wo dava li to us dava se pahle tumhari jaan
main le lugi.

Mai so jaungi per tumhari wo unmatured pyaar ki kahani
sunne ke baad.

accha meri maze le rahi ho

Nahi ji main to bas puch rahi thi

Jab main 10th main thi na to ham sab ne pahli baar social
media account banaya tha. Humane yaha kadam isliye
rakha tha taki ham ek dusro ki help kar sake padie mai.

Ham suru main ek dusre ko khub sari material send kiya, agar koi absent kiya to wo hamari responsibility ban jati thi ki ham use aaj ka notes send kare. Afosh ki baat to ye thi ki hamri sin 90 aur cos 90 ka value bas do din hi chala. Hame mahsus huya ki ye jagah kuch aur ke liye bani hai aur fir hamne suru kiya logo ke jajbato ke sath khelna means ladko ki jajbat. Hame zyada kuch nahi bas kisi bhi ladke ke profile mai jake uske ek do photo ko like karna tha fir kya unka reply aana to jaruri tha. ab yaha se hamra kaam suru hota tha. Unke wo 3 sec wale "hii" ke message ka reply ham 3 gante wale "Ha" se karte the, ab thoda mora to attitude rakhna padta hai na. Hmari ratio kuch is tarah se thi ki hamare like kiye huye photo main se 70 % ka reply ek min ke tak aa jata tha. wo hii ka jawab ha se dene main jo sukun milta tha na wo such main bada sukun deta tha. Us samye hame pata hi nahi tha ki pyaar akhir main hota kya hai us samay doordarshan par lela majnu ye heer ranjha nahi balki sas aur bahu aaya karte the aur rahi filme ki baat ko vaha long distance main chat nahi balki short distance main patangbazi hoti thi isliye mujhe ye pyaar wyaar ke bare kuch nahi pata tha

Or ha abhi jo hamne ye karm kiye the uska faal milna to baki hi tha, us samye se, mujhe pata chala ki karma bhi kuch hota hai..

Hamre attitude ka jabab dene wala ab aa chuka tha. Ek din mere id par message aaya "if you don't mind can be friends" ek samay ke liye main chauk gayi, ki ye akhir mai yeh hai kon, lagta hai market mein naya aya hai. Jo bhi ho, per jo isne tarika use kiya tha wo bilkul alag tha, yani koi ladke log ke taraf se bhi tha, jo hamre jaisa kuch kaam kar raha tha. Jab maine usse pucha ki kya tum mujhe jante ho ? To mere is sawal ke jawab ke liye mujhe pure 21 gante wait karna para aur 21 gante baad uska reply aata hai "nahi to" fir maine bola ki jab tum mujhe jante nahi to mujhe message kyun kiya. Fir se 21 gante wait karne ke baad mujhe mere jawab mila, main sirf tumko ye message nahi kiya balki un sabhi ladkiyo ko kiya hu, jinhe main janta hu ye jo mere kisi friend ke friend ho, agar tumko friend bana hai to bano warna aage badho. Ab ye mera personal matter ho gaya ab ise main batugi ki aage badne ka matlab kya hota hai. Maine bol diya " yeh i will be your friend " ye bolne ke baad uska reply ka speed 21 gante se sidha 21 second ho gaya, Etna improvement ki ham mein se koi soch bhi nahi sakta tha. agar etna improve india ke youth mein hota to aaj india china ko piche chor deta development ke mamle me nahi balki population ke mamle mai . wo mere school main hi padhta tha aur use ye bhi pata tha ki main usi school mein padhti hu. Wase jo bhi ho uska dimag kabilye tarif tha. jitan aaj tak mujhe meri family nahi janti thi usse zyada ye research kar ke bethe tha. Shirf yeh sab hi nahi balki vh yeh bhi pata kar ke bata tha ki main kise follow karti hu, kab online hoti hu , kab offline hoti hu, kab story dalti hu , kab post upload karti hu, etna hi nahi meri pasand aur na pasand ke pata kar ke betha tha. Ab mujhe ye jake pata chala ki ye 21 gante akhir karta kya tha. isne mere bare main bhi sab pata kiya but ye nahi pata kiya ki jo mere profile main ladki thi, wo is duniya main hai bhi ya nahi, Maine jo profile Picture lagaya tha na wo mere mummy papa ka nahi balki Google ki creation thi. aur iska fayda mujhe bahut achhe se milne wala tha.

Usne ek din bahut achhe se bola ki agar hum ache dost ban hi gaye hai to ek do baar ek dusre ko dekh hi lete hai. ye jo bhi hai bada experience wala hai aur mujhe lagta hai ki ye sentence wo yaha se pahle bahut baar try kiya hai.

Usne bola ki main tumhara intezar basket ball ke paas karunga aur fir apni char photo send ki char isliye kyon ki mujhe lagta uski aaj tak wo char photo hi achi aaie hogi, maine bhi apni profile photo send kar diya. wo lunchtime main basketball court ke pass aaya bhi. Main uske paas se gujri per bechara idher udher dekhta raha, aur pareshan ho raha tha aur main aage chal gayi wo isliye bhi kyon ki usne hi to bola tha aage jao. Wo us din us ladki ko dhundta raha jo mere profile main thi. Bechara aaj bahut pareshan ho gaya, lagbhag adhe gante tak wo kabhi edher jata to kabhi udher jata. Bechare ne apna launch bhi nahi kiya.

Mujhe yaha pe thora daya aaya but fir wo 21 gante ka intzar yaad aaya aur fir na jane wo daya kaha cahla gaya. woh phir kal wase hi mera intzar kar raha tha aur main fir uske paas se gujar ja rahi thi per use pata bhi nahi chala. Kuch isi taraf wo ek hafte tak mera intzar vaha karta aur main bas use dekh ke musura ke vaha se chali jati, Per jab main us din gayi to maine dekha ki wo aaj vaha nahi hai wo aaram se lunch kar raha. wo lunch kiya fir aaram se mere paas aake bolta hai ki aur intezaar karna hai ya phir itna kafi hai, kamse kam photo to shi de dete. Mai achnak ek samay ke liye ruk gayi aur socha ki pyaar andha hota per ye kya ye kaisa andhapan hai, bina meri photo dekhe wo mujhe kaise pahchan gaya.

Ek min, tum mujhe kaise pahchan gaye.Meri to photo bhi nahi thi tere paas

ye dosti wala pyaar hai, isme dekhne ki kya jarurat hai. Hmane ko apko apni man ki akho se to kab ka dekh liya tha

agar tumhara ye filmy darma ho gaya to kirpa batane ka kast kare, apko mere bare main kaise pata chala

Tumko wo message yaad hai "if you don't mind can we be friends "

Ha mujhe yaad per ise kya lena dena, zyada ghumao nahi warna main ghumane pe aa gayi na to poori duniya bina ticket ke ghum sakte ho

acha aisa kya ! tab to tumko ghoomane main mera bahut fayda hone wala hai

Tumko batna hai ya phir main jau

Are ruko ruko batata hu. Maine wo message tumhare friend ko send kiya tha aur wo kya hai na har koi tumhari tarah nakli photo ko laga ke nahi rakhta, aur tum kar bhi kya sakti ho sakal achi nahi hai jo. ab to pata chal gaya na ki tum jitna apne aap ko samajhte ho utna bhi chalak nahi ho

Maine socha tha ki ye bas dikhta smart hai per iska dimag bhi smart hoga ye nahi socha tha, wase dimag bhi zyada smart nahi hai. Mujhe ye nahi pata ki ye sochta kaha se hai par jahan se bhi sochta hai thoda thoda acha hi sochta hai. Use thoda bura laga hoga ki main jaan bujh ke use ignore kar rahi thi, uska abhi tak koi bhi message nahi aaya tha isliye mujhe laga ki mujhe usko message karna chaiye, fir maine use text kiya "hii" koi reply nahi "hey" abhi bhi koi reply nahi "hello" abhi bhi koi reply nahi "kaise ho " dekh rahe ho word kaise badh rahe hai.

Mujhe pata tha ki abhi reply nahi aayega kyonki wo bahut jyada gussa tha mere pe, maine kaam hi kuch aisa kiya tha, isliye maine fir se 21 ghante wait kiya aur reply aaya main acha hoon tum bato, aur fir hamri wo lambi lambi bate hone lagi. wo roz kuch aisa karta jo mujhe bahut pasnd tha, aur fir kya pahle uski harkat pasand aati thi ab wo pasand aane laga. wo mere liye ek aisa insaan ban gaya jise main sari bate share karti thi. Hamlog dher sari bate karte the aur fir wo bate ko delete kar dete the taki ghar wale na dekh le. Jo bhi hamri sath main photo thi use bahut achhe se locker main rakhna parta tha. Uski photo mere paas itni thi ki mera pura phone bhar gaya tha isliye mujhe sari photo ek memory card main rakhni padti thi. Uski pahli jali rote se leke uski pahli chai ki photo tak thi mere paas.

Fir uski zindagi mein koi aa gaya kyon ki uska wo can be friend wala abiyan jari tha, fir wo na mere chat ka reply deta na hi call ka reply deta. main jab bhi use school main milna chahti to wo jaan bujh kar mujhe undekha karta fir chala jata. Kabhi usne mujhe perpose nahi kiya tha aur na hi kabhi maine usey apne dil ki baat ki thi par fir bhi usse pata tha ki hamra rista kya tha. Usne mera number block kar diya mera account block kar diya. Soch ke lagta tha ki

jo mere message ka aur call ka intezar karta tha aaj wo
mere se dur ja raha, aur main kuch bhi nahi kar pa rahi hu.
Main bahut roie bahut zyada, yeh yesi bate tha jo main kisi
ko bata bhi nahi sakti. Use to aaj tak mohabat thi nafarat to
yaar khud se ho gaya tha. Mujhe ye samajh mein nahi aa
raha tha ki meri galti kya thi, maine bahut janne ki koish
ki per mujhe aaj tak nahi pata chala. Maine dusra account
bana kar use sorry bola but uska koi reply nahi aaya. main
aaj tak samajh nahi paie hoon ki Maine use sorry kyon
bola. Per meri wo unmature pyaar wahi pe katam ho gaya.
chalo kirti ab bahut hua ab so jao

Tum phir us se mili kabhi

Ha usne mere se bahut baar koish ki baat karne ki per,
main use ab apne life main fir se nahi milna chahti thi
kabhi bhi nahi, jab mujhe uski jarurat thi tab wo nahi aaya
ab aaya hai jab uski jarurat nahi hai.

Apka pyaar bas unmature tha warna aap to kafi mature ho
madam ji

Kuch din khas hota hai apke liye aur kuch din ko koi apke
liye khas banata hai. Kuch log hote hai jo apke liye wo sari
chize karte hai jo apke chehre pe thodi si bhi khushi laye.
Agle hafte mera birthday aa raha hai. Birthday isliye khas
nahi hoti taki aap ek saal bade ho jate ho,wo isliye khas
hota hai kyon ki us din aapko bilkul celebrity wali feeling
aati hai. Subah to choro 12 baje se hi call pe call, agar
achhe dost mile to apko suprise bhi mil sakta hai par wo
aap ke doston pe depend karta hai mere ko bilkul kanjar
hai to mujhe to inse kuch umeed nahi ho. Sare jagah bas

apka hi photo dikhta hai sab log apke sath photo gichane ke liye aate hai fir wo post banna ke upload karte hai fir ab dheere dheere celebrity banne hi wale hote hai ki subah ho jaati hai aur apka birthday aur apka celebrity ka sapna dono ek sath khatm ho jata hai. Mujhe aab to ye dekhna hai ki kis kis ko mera birthday yaad hai.

Hey Ansh kya kar rahe ho

Kuch nahi bas aise hi

Kuch, aaj kal main hone wala hai kya kuch special

nahi to kuch to nahi hai

Dhyan se yaad karo na ek do weak main lagta hai kuch khas hai

Ha yaad aaya thank you, tumne yaad dila diya

koi nahi

To tum bhi tyari kar lo, exam hone wala hai na

Exam hi ye kuch aur

Kuch yaad to nahi aa raha yaar, haa yaad aya

Kya kya..

Birthday hai

Chalo yaad to aaya na

Yaad kaise na hoga yaar mera friend ki gf hai, agar main bhul gaya to use party kon lega

Tumko nahi lag raha tumhare bahut jayda pankh aa gaye hai, ab tum urna band karoge ye fir main tumhare ye par katu.

Kya hua Gyanshi kuch aur khaas hai kya, sorry yaar wo aaj kal hai na exam ki taiyaari kar raha hoon na to use alaba kuch nahi yaad rahta.

accha to apke friend ka, sorry friend ki gf ka birthday apki syllabus main hai kya

Are nahi yaar ab tumhara birthday thodi hai ki yaad rakhu, ek min wase tumhara birthday kab hai mujhe wo halka halka yaad hai isi month mai hai na .

Wah ji wah, tumko mera birthday yaad bhi nahi hai

accha tumko mera birthday yaad hai, kya batao batao

18 march

Tumko yaad hai kya?

Haji mujhe bahut achhe se yaad hai, aur kuch din baad apko bhi yaad aa jayega.

Usse to mera birthday bhi yaad nahi hai, ab kya kisi se umeed rakhna. Mera wo special one wala person tha per use meri kuch bhi special chize yaad nahi hai. ab main kisi ko bhi apna birthday nahi batugi aur na hi isko celebrate karugi. Na hi mujhe ab celebrate karna hai aur na kisi ke sath birthday banna hai

Aaj mera birthday hai 21 february aur mere aas paas kisi ko pata bhi nahi hai ki is din main main is duniya mein aayi thi aur main chahti bhi nahi ki kisi ko pata chale. Mummy papa ka call aaya tha aur kuch parivar the jinhone call kiya tha but Ansh ka abhi tak call bhi nahi aaya tha aur ab aaya bhi to nahi receive karungi. Wah uska naam liya aur call aa gaya, chlo utha hi leti hu.

Hello Gyanshi

Ha bako

Happy birthday yaar god bless you !

Wase apko kaise pata chal gaya ki mera birthday hai, apke syllabus main aa gaya kya

Na ji na mere syllabus main to nahi but aap ke gate pe kuch aaya hai, your birthday gift

Such ! per tumko to mera birthday yaad bhi nahi tha

Mere syllabus main ye date nahi hai but mere dil mein to hai na, chalo yeh sab baat baad mai karna warna delivery boy chala jayega, fir nahi bolna ki gift nahi aaya

Ok main jati hoon..

Achanak mujhe kya hua but main ander se bahut khush ho gayi na jane kyon, use mera birthday yaad tha bas wo drama kar raha tha. Hamara hostel main city se thora dur tha isliye, isliye delivery wala tab hi aata tha jab uske paas hostel ke dher sare parcel ho, per main jab vaha pahuchi to koi bhi nahi tha. Jis din yaha delivery wala aata tha yaha gate pe bhir lagi hoti thi but yaha to normal din jesa hi hai. Kisi ke haath mein to ek bhi parcel nahi hai. Main ansh ko call ki

Ansh yaha pe koi bhi delivery boy nahi hai

Are Gyanshi ye girls hostel hai na to delivery boy ko ander nahi aane dete hain

nahi yaar aisa nahi hai, gate tak ka permission dete hain

wo kya hai na ki delivery boy na naya naya hai, isliye gate ke bahar aaya hai to aap bahar jake gift received kar lo please

Ok jati hoon

Ansh mujhse milne aaya tha, use sirf ye nahi pata tha ki mera birthday hai but use ye bhi pata tha ki main use kitna miss kar rahi hu. Na jane kyon mere ankhon se halki halki aasu aa gaye, per main bahut khush thi bahut zyada. main jake bass use hug kar li aur kuch nahi pata mujhe, ki ye galat hai ye sahi.

Oye ghadie, tera ye rone wala cahra dekhne ke liye aaya hu, chalo ab to muskura do na yaar.

Mai ro nahi rahi hoon yaar, bahut khush hoon bahut zyada tumhe bata bhi nahi sakti hoon kitni

wo sab to thik hai but tere ko lagta hai wo heel wala sandal pahan kar aana chahiye tha mujhe kuch zyada hi jhukna par raha

zyada na bolo samjhe, aur mera gift wo kaha hai

Main hoon na to gift kaisa

Tum gift thodi ho, tum to delivery boy ho

accha etna dressing sense laga ke main delivery boy banne aaya hoon na

Or nahi to kya, zyada tez na bano batao mera gift kaha hai.

Are wo such main delivery boy leke aayega main bahut pahle hi oder kar diya tha but tumhare hostel ka to pata hai na kab ka parsel kab aata hai ,to chale ab aap ka birthday celebrate karne

Ruko mein aati hoon heel wali sandal pahan kar wo kya hai na aise thodi na accha lagta tum uth jaise lambe aur main choti si, main aata hoon ok na

Mai bhi aata hoon na

Oye ye girls hostel hai chup chap yahi raho warna police station jana padega

Thik hai

Celebrity wala birthday celebrate karne ka din aa gaya.
itna khush hoon ki main apko bata bhi nahi sakti bahut
zyada bahut bahut, khas main is pal ko kaid kar ke rakh
pati but main kar nahi paungi isliye ji hi leti hu is pal ko.
Isne pahle bola bhi nahi, ki yeh aa raha hai mera phone
bhi charge nahi hai ab main photo kise click karugi. Gadhi
hamko bolta hai per khud bahut bada gadha hai. ab ye call
kyon kar raha hai

Ruko na yaar aa raha hu, thoda sa wait kar lo na

Tu sandal pahne gayi thi na to etna der kaise

zyada sawal jawab na karo aa rahi hoon na mera birthday
hai ek saal main ek baar aata hai so please na

accha thik hai baba, but jaldi

Mai soch rahi ki Kriti aur aradhya ko lelu but shayad usse
acha nahi lage, kyon ki wo mujhse milne aaya hai. ohoo ye
kitna call karta hai yaar

Ha bolo

Kitna der karti ho yaar ek ghanta ho gaya. Mujhe laga ki
das minute lagega jayada se jayada per tum to etna der kar
rahi hu

Dekho maine pehle bhi boli hu aur abhi bhi bol rahi hu

Kya

Wait, samjhe

Kitna parsan karta hai, isko pahle batane main kya ho raha tha ki main aa raha hoon main aaram se tyaar hoti na. Mera phone bhi charge ho gaya aur agar main abhi bhi nahi gayi to wo garam ho jayega fir ban jayega mera birthday. ek min meri kajal, ha mil gaya ab thik hai.

Ooye to ab chalein!

Tum sandal pahne gaye the, ye lamba hone kitna time laga di yaar

Chalo chup raho aur apna gardan edher lana thoda plz

Are ruko yaar, tum kitni badmash ho gayi ho ye public place hai

Chup raho lao chup chap, kisi ki nazar na lage bas. aise hi tum hamesa muskurate raho, koi bhi takleef tumhare paas se jane ke pahle, mere paas se jaye

accha to gardan kajal ke liye the, mujhe kuch aur laga

ab zyada na socho ab chalo

Wase Gyanshi ek baat puchu

Ha puchu na

Kajal ka ek chota tika mujhe kaise kisi se bacha sakta hai, agar mujhe kuch ho gaya to

Tumhe nahi lag raha tum kuch zyada bol rahe, tumhara exam hai na isliye uspe dhyaan do aur aap se kuch aisa bole na, to samjh lena kya hoga. aur agar baat raha kajal ki to ye tumhari sath degi hamesa kyonki ise maine lagya hai.

Ok, zyada kuch bol diya na koi nahi sorry

koi nahi but aap se ek dum chup

Mujhe laga tha ki sirf Ansh aaya hai per Ujjwal bhi aaya hai aur aradhya bhi aaie hai aur Kriti bhi, yaha sirf mujhe nahi pata tha ki tum aa rahe ho baki sab ko pata tha. Dost mere bhi achhe hai wo bhi surprise dene wale. Kuch din hote hai jo apke liye bane hote hai. Aisa lag raha jaise ye din sirf aur sirf mere liye bana hai kyonki is din jo bhi ho raha tha, jo bhi log the sab khush the aur unki khushi ki karan sirf aur sirf main thi. koi meri vajah se khush hai aab isse zyada aur kya chahiye yaar. Wakt ki na ek khasiyat hai, ye acha ho ya bura guzar hi jata hai aur ye waqt bhi dhere dhere gujar hi gaya. main Ansh ke sath uski train ka intzar kar rahi thi. uski train 7.45 PM mein thi aur hum dono sation lagbhag 7.00 PM tak pahuch gaye the yani hamare paas bas 45 min thi aur ye 45 min ko main mahsus kar sakti thi, kyonki wo har ek min mujhe Ansh se dur kar raha tha. Kuch der baad uski train aa jati hai use mujhse bola" thik hai Gyanshi main chalta hu." Maine uska hath jor se pakar li per fir bhi main use nahi rok paie, aur wo fir chehre pe ek smile ke sath chala gaya, yeh smile tik wesi hi thi jaise maine uski tasveer apne khayalo mein banaya tha. aur uske baad ham mil nahi paye hamre semester the fir placement tha aur bolte hai na ki ristey main ups and down aate rahte hai aur har ek ups down main ek dusre ke sath rahna chahiye, ek dusre ko samjhna chaiye. ye bate sunne main bahut aasan lagte hai per jab apke sath ye jindgi mein hoti hai na to kuch samajh mein nahi aata ye sari bate bas bate ban ke rah jati hai. aur ye hamre ristey ka wo samye tha jise sambhal pana bahut zyada muskil tha shayad kuch zyada, aur yaha pe main Ansh ko nahi samjh paie aur har ek pal yaha se mujhe Ansh se dur leta jata raha.

Hamare placements complete ho chuke the mujhe do companies mili thi ek delhi ki thi aur ek hong kong ki company thi, per main ab Ansh ko chor ke kahi nahi ja rahi thi usko bhi delhi main hi ek company ne placement dedi. Mere paas ab ek semester aur tha fir main delhi aur Ansh ka bhi ek semester baaki tha aur fir hum dono ke paas job hogi aur fir ham dono dependent ho jayenge and then ham shadi kar lege. Bas ye do line main hamari puri future plan hai. ye char mahine kaise guzar gaye mujhe pata hi nahi chala aaj hamara farewell hai. Ha aaj thode aansu girenge per wo assu aur wo log ab yaad ban ke rah jane hai. Asal main sab fairwal pe dukhi hote hai but mujhe to accha lag raha kyonki iske bad main apni dream wali jindgi jiugi, dream job aur Ansh dono sath hoge. Waise isse bhi acche jobs ke mauke tha, wo bhi dugni package aur dugni facilities ke saath, par main shayad khush nahi rahti kyonki meri khushi to delhi main hai aur main nahi chahti ki main apni khushiyo ko video call se mahsus karu. isliye main wo job nahi karugi. Thoda thoda mujhe bhi dukh ho raha tha kyonki aaj Kriti or aradhya dur ja rahi thi per jo bhi ho dono ke sath ye pal kaise gujar gaya pata hi nahi chala. Kriti mere paas aayi aur boli

Aur Gyanshi ab to aap kahan aur hum kaha, ye to hamari akhri din hai sath main na

Aisa thodi na hai, main tumhe pareshan karna thodi na chhodungi

ye sab bolne ki bate hoti asal main sab apne kamo main bahut busy ho jate hai family ko waqt dena muskil hote hai aur ham to fir bhi dost hai.

aisa kuch nahi hai wo rishtedar yaad bhi karte hai to exam ka result ke samay.. Aaj aap ke result pe yaad kar rahe hai, kal aap Ke bacho ke result pe unhe yaad karenge inka to yahi hai, per tum dost ho, meri wo taklif ke aansu bhi tere paas gire hai wo khushiya ke bhi.

Ha baat to sahi hai, accha Gyanshi ek baat puchu

Ha pucho na

Hamri galtiya hame apno se dur karti hai na, log kabhi kabhi apno se jhuth bolte hai par iska matlab ye nahi ki wo unhe taklif dena chahte hai balki unhe apna rishta pyaar hota hai isliye bolte hai..

Tune aaj kon sa nasa kar liya, ye jindgi ke gyan kaha se sikh li

Mai tumhe ek baat batna chahti hoon shayad ye baat janne ke baad hamara ye rista shayad hi itna mazboot rahe, wo na rahe per main nahi chahti ki aage jake tumhara aur Ansh ka rista meri vajah se khrab ho.

Tu aaj nashe mein ho kal baat karenge aaram se thik na

Nahi yaar aaj hi baat karungi aur abhi bahut himmat jutaa paati hoon agar aaj nahi boli to shayad kabhi nahi bol paungi. Mere life main mohit ke baad agar koi aur aaya tha to wo aansu nahi tha Ansh tha tera Ansh

Tu kya bol rahi tumko pata bhi hai

Ha main jo bol rahi hoon sach bol rahi hoon

Per wo to delhi ka hai aur tum Mumbai ki

Meri schooling delhi se hui hai after 12th main mumbai sirf ho gayi, main tumhe bahut pahle hi batana chahti thi par vh bahut khush hai tumhare sath. Main ab uski khushi nahi chin sakti pahle bhi bahut baar khushiyan cheen chuki hoon uski. Pata hai Gyanshi maine bahut baar usko ignore kiya usko bahut rulaya. Call pe wo mujh se baat karte karte rone lagta tha aur fir main phone cut kar deti, pata hai Gyanshi jab bhi mujhe uski jarurat hoti thi na tab main use call karti thi aur wo ek baar main uthaya karta tha, wo mere har bhure waqt mein sath tha aisa ek bhi bhura waqt nahi tha jab usne mera saath nahi diya phir jab meri bari aayi to main usko bas dukh hi diye hai. Maine use saccha wala pyaar to nahi ki hai per usne mujhse kiya tha aur wo saccha tha, per main tumhe ye bhi bata du ki wo mere se kaie zyada pyaar tumse karta hai. Maine uski aankhon mein tere liye wo sachi mohabbat dekhi hai. Main tumhare hath jorti hu, pair bhi pakarti hu per yaar usko kabhi bhi dukhi nahi hone dena yaar. Usne apne hak ki sari saza kahie hai ab please use sirf aur sirf khushiya hi dena yaar please.

Us din ke baad main kirti se nahi mili kabhi bhi nahi. main dheere dheere sab kuch khone lagi thi. main Ansh ki pahli mohabat nahi hu. Ansh ne Kriti ko dekha per usne kabhi bhi mujhe ye baat nahi batai. main nahi chati ki mujhse koi bhi baat chupaye aur wo to kabhi bhi nahi jo mera khas hai per usne to mujhse itni bari bate chupaie.

Ansh mujhe tumse kuch zaruri baat batani hai

Ha bolo na kya ?

Abhi nahi mujhe tumse mil ke baate karni hai, main delhi aa rahi hu

Mai aau ki tum aa jaoge

Tum tension na lo, main aa jaungi.

Sab kuch thik hai na Gyanshi

Ha sab thik hai

Shayad main Ansh ko kabhi yeh nahi bata sakti ki mera pyaar uske liye kam ho gaya hai, kyon ki main uski pahli mohabat nahi hu. Aisa nahi hai ki Ansh galt hai ye fir usne kuch galtiya ki hai par jab se main ye jani hu ki Kriti uska pahla pyaar thi tab se aisa lag raha hai ki main Ansh se dur ja rahi hu. Main use khona nahi chahti, per mera ye dil uske past ko bhul ke hamare present ko accept nahi kar raha. Jindgi na bahut muskil hoti hai aur tab aur muskil hota hai jab aapko pata chalta hai ki aapke apne to abhi apke apne hai per koi pahle apki jagah pe rah chuka hai, jab wo chala gaya to aap us jagah pe aaye yani aap ek option the jo us jagah ko bhar diye. Ansh ko mere past ke bare main sab pata hai, per mere liye kabhi wo option nahi hai per shayad wo mujhe option manta hai isliye shayad usne kabhi mujhe apne past ke bare main bataya hi nahi. Zindagi main na main hamesa se ek option banti aaie hu kabhi ghar walo ke liye to kabhi apne dosto ke liye to aaj apne pyaar ke liye, per ab bahut ho gaya ab mujhe option nahi banna hai. main sare logo ko ye sabit kar ke dikhaungi ki main kaun hoon aur main kisi pe bhi nirbhar nahi hoon kisi pe bhi nahi. main delhi gayi aur maine hongkong ka job offer accept kar liya, kyonki such to ye hai ki ab main yaha nahi rahna chahti guthan hoti hai mujhse yaha se mere apno se aur kuch khas log se. main aaj bas Ansh se last baar mil rahi hoon fir wo apne raste aur main apne raste. Jindgi main kuch raste hote hai jis pe aap ko akele chalna hote hai, ha kuch log aate hai bich main wo aap ko bolte hain ki wo aapke raaston mein sath chalenge aur jab chalne ki bari aati hai to wo mukar jate hai. koi nahi zindagi lambi hai sikh to milte rahenge. Kisi bhi naie surbat karne se pahle purani kahaniyo ka ant karna jaruri hota hai. Ham akhri baar mile

Hey Gyanshi, kaise ho

Mai tumse kuch jaruri baat karne aayi hu, tum Kriti ko pahle se janti the ye nahi

Mai ye baat tumhe batane hi wala tha

Maine kuch pucha jante the ye nahi

Haa janta, per yaar

Chalo mujhe bas yhi janna tha, maine hong kong wala job accept kar liya hai aur main perso hong kong ja rahi hu.

Per yaar tumhe to delhi wali job karni thi na aur agar ham ye job karte hai to ham sath bhi rahege

ab hame sath rahne ki koi jarurat bhi nahi hai, jo insan mere se apna past chupa sakta hai uske sath kya rahna

Ha main Kriti se pyaar karta tha but shayad usne bataya nahi ki fir hamre relation ka kya huaa tha

Mujhe sab pata hai

Tumhe pata hai yaar fir bhi

Tumhe hamesha mujh se jhoot bole the na ki main tumhari pehli pyar hu par main to tumhara pahli pyaar to kabhi thi hi nahi, wo to koi aur thi. main hamesha ye sochti rahi ki main woh pahli hu jise tumhara pyaar mila per main to bas ek option thi bas ek option, bas ab bahut ho gaya ab main koi option nahi banna chahti hu. Mujhe apne life main bahut kuch karna hai isliye mujhe hongkong jana jaruri hai.

Tumhe aise kaise lagta hai ki tum ek option thi, tum na hi option thi aur na hi option ho aur aage bhi option nahi hogi. Mere pyar sacccha tha jo maine tumse kiya tha.

agar tumhara pyar such main saccha hai to ham char saal baad yahi mileage isi waqt, main tumhara intezar karungi per in chaar saalon mein na hi hum ek dusre se baat karenge aur na hi milne ki kosish karenge. main wada karti hoon main wapas aaugi. Kuch agar nahi badlega to hamra pyar saccha tha warna hamra pyaar kabhi pyaar tha hi nahi, aur ha Airport pe nahi aana milne warna main nahi ja paungi please ye request hai meri.

Mai ye bol ke use chor ke chali gaie, aisa nahi ki main use miss nahi karti thi main use bahut miss karti thi. Maine jo bhi kiya wo galat tha aisa nahi tha ki wo apne waade par kayam raha usne bhi bahut koish ki mujhe phone karne ki par main bhi kya karu ab mere main itni himmat bhi nahi bachi thi uski awaj sun paoon. Jab bhi uski awaaz sunni hoti thi to Ujjwal ko call karti thi aur use bolti thi ki use conference pe lo na yaar, uski bahut yaad aa rahi hai. wo bhi kuch kaam nahi hai bahut yaad karta hai mujhe kyon ki ye hichkiyan uski yaadon ko bata deti thi.

Waqt ne hamri duriya ko badha diya tha. Ham aab ek dure se etne dur ho gaye the ki, shyad ager pass aana bhi chaha to bahut der ho chuki thi. Mai har ek din use kho rahi thi. Waqt or yeh duriya ne mujhe use dur kiya. Mai galat thi mujhe use samajhna chahiye tha, aaj tak maine use samjhne ki koshish bhi nahi ki na mane or na hi kisi ne. Jab bhi use sambhalne wale ki jarurat hoti to use har koi chor dete or maine bhi use chor diya, jab use meri sabse jayda jarurat thi. Pata hai jab vh udas rahta tha yeh paresan rehta tab bhi na mere liye vh apne aasu ko chupa leta tha. Vh na hamesa apni paresani ko apne pass rakhta tha aap ko pata bhi nahi chalega ki vh paresan hai. Kisi ko nahi batta tha. Mere har ek pareshani mai yeh har ek bhure waqt mai vo hamesha sath tha.

Aab to vh mere paas se hamesa ke liye ja raha hai . waqt
ne hame itna dur kar diya ki hamra mil pana bahut muskil
hai. Usne mujhe khush karne ke liye apni sari umar laga di
per jab bari meri aaie to uski umar hi khatam ho gaie or
hamri kahani bhi . Mujhe nhi pata uske jane ke baat mai
kaise rahugi, per galti meri thi jab woh mere pass tha tab
to use khush nahi kar paie khush to choro uska sath bhi
nahi di. Kabhi kabhi na kuch chize hoti hai jise likhna
bahut muskil ho jata hai bahut jayda or yeh jindgi ansh ke
bina likhna mere liye bahut mushkil hai bahut jayda. Bate
bahut hai mere pass unsi yade bhi bahut hai per uske bina
yeh yade bekar si lag rahi. Mai baut jayda bolti hu bahut
per jab bate uski aaie to mai haar gaie. Jab tak mai is
kahani ko likh likh rahi thi tab tak aisa lag raha tha ki ansh
mere pass hai, per jab yeh khani khatam ho rahi to ek dar
sa lag raha. Is kahani mai etna dub gaie thi ki aisa lag raha
tha ki vh mere sath hai mere pass hai per such to yeh hai
ki woh hum se itna dur hai, jaha se aana namumkin hai .

Yeh kahani ansh ki hai or is kahani ke har ek sabdo mai
har ek line mai har ek panne mai vh hai, yeh bate apko
filmy lagegi or lage bhi kyu nhi kyuki ise pahle yesa kuch
huya hi nahi hai per mai use in panno mai masusu ki hu.
Vh har ek panne mein hai....

The Final Chapter

Kuch kahani pano mai khed ho ke rah jati to kuch kahaniya hamesa ke liye amar ho jati hai. Mera dost ki har ek chiz hamre beach se chali gayi yaha tak ki vh khuda hamare paas se chala gaya. Uski kahani adhuri rah gaie thi par uski kamyabi aur uski zindagi adhuri nahi hai. Usne hame hasna sikhaya, kal ko nhi balki aaj ko jina sikhya. Vh bhale hi hamre pass nhi hai per uski vh smile hamre pass hai jo hamri takat hai

Us din ansh achank se behosh ho gaya, uski tabiyat achanak se kharab ho gayi. Hamne baad mai use hospitel shift kar diya or uncle ko bhi uncle ki tabiyat mai pahle se sudhar ho rhi thi per ansh ki tabiyat dhere dhere khrab hoti ja rahi thi. Ham use bachane ki kosih kar rahe the, per uski halat dhere dhere bahut jayda kharab hoti ja rahi thi. Jis din ham vaha gaye, Us din hospital ke bahar do blast huye or fir do thin aadmi gun ke sath fireing karna shuru kar diye. Hospital ke sabhi security staff ko unhone ne mar diya. Charo taraf afra tafri machne lagi. Log edher udher bhagne lage aur na jane kitne log ghayal ho rahe the aur na jane kitne logo ki jaane ja rahi thi. Ansh ICU ward mai tha or ham sab bhi vhi the, ham apni puri kosih kar raha the use bachane ki, per uncle normal ward mai the. Ham puri koshish kiye unhe apne pass lane ki per vaha pe lagtar firing ho rahi thi. Uncle ke pair mai ek goli lag gaie thi. Ham sab cctv wale room mein the isliye sare hospitel ke camera ko access kar sakte the. Ansh ko hosh aa gaya. Uski halat mai thosi si shudhar thi per use ye nahi manjur tha ki uncle ko kuch ho. Log koish to kar rahe hai per vh kar bhi kya sakte the, kyuki yaha jaan ka khatra tha or log zindagi ke mamle mai selfie hote hi hai. Meri gyanshi se baat ho gaie thi aaj vh aane wali thi per fir maine aisi halat dekh kar maine mana kar diya. Aaj lagbhag 2 saal baad ansh or gyanshi ek dusre se baat kiye, or aaj bhi vh use daat rahi thi. Bol rahi thi ki tumhe apna khyal rakhne nhi aata, tum baccha ho kya. Dono ke akho mai aasu the, per ek muskan bhi thi chehre pe. Kuch chize na sabse alag hoti hai zindgi mai. Wase to baat vh dono kar rahe the per mai unke pyaar ko mahsus kar pa raha tha. Log bolte hai ki pyaar takat hoti hai kisi ki ha kisi kisi ko yeh majak lagega per jab ansh gyanshi se baat kar raha tha to uska heart rate balance tha. Isse pahle hame use balance karne mai bahut jayda taklif ho rahi thi, ab uska oxygen level bhi shi tha per fir bhi uski recovery rate 0% thi. Yeh uski kuch pal ki khushiya thi or yeh choti choti khushiyan hamre liye bas yade ban ke rahne wali hai.

Dono ek dusre se dur the per dono ne apne rishte ko bakhubhi nibhaya tha.

Abhi bhi lagatar firing ho rahi thi par hame kuch nahi hua tha or aab ham bahar nikal gaye the per abhi bhi uncle ander fase the. Ansh baar baar mujhse ander jane ki jid kar raha tha uska kahana bhi shi hai par yaha pe usko selfish banna hoga kyuki uska bachna bahut jaruri tha.

Ujjwal mujhe nahi pata kuch, uncle ko kuch nahi hone chahiye .

Ansh hum puri koshish kar rahe hai or kuch der mai forces bhi aa jayegi

Mujhe nahi pata mai ander ja raha hu

Jayda tu pagal na ban samjha, tu koe hero nahi hai or na hi yeh koi film hai

bhai

Hero sirf film main nahi balki kuch real life mai bhi hote hai

Bas yeh uski akhri shaved the or fir vh chala gaya hamesa ke liye. Uski kahani last 15 day ki nahi balki last 13 day ki thi. Kuch ho chahe nahi per usne baat shi boli kuch hero real life mai bhi hote hai. Or hamra hero us din hame chhod ke chala gaya. Aab uski yade hai bas hamri pass . Or ha uska pyaar use milne aaya tha. Ansh ne kuch vaade kiye the gyanshi se or aaj tak gyanshi uske vade ko nibha rahi hai. Ek baap ka beta to uske pass se chala gaya per vh jate jate unhe ek beti de gaya. Pyaar ke bahut se example huye bahut se paribhasha hai par ek example ansh or gyanshi ne banna hai ki pyaar pass yeh dur rahna nahi, kisis ko pa lena yeh kisi ke sath hamesha rehna pyar nahi hai. Pyaar bas nibhane ka naam hota hai. Gyanshi aaj bhi apna sab kuch ansh ki adhuri zindagi ko pura karne mai lagi hai. Dhere dhere uski yade miti banti ja rahi hai. Uske na jhuth bola tha ki uski yade dhere dhere kar ke khatm ho jayegi. Uski yaadein aaj bhi uske pita mai zinda hai aaj bhi uski yade uske pyaar mai jinda hai aaj bhi uski yade us inssan mai zinda hai jise usne bachya tha aaj bhi uski yaadein us rakhi mai zinda hai aaj bhi uski yaadein mujh me zinda hai .

Yeh book uske liye hai, uski icha thi ki uski kahani uski muskaan har ke dil mai bhase. Uski yeh adhuri kahani ko uske pyar ne pura kiya or hamre pass laya, isliye liye thank you Gyanshi yeh mai nhi balki ansh bol raha ...

Ujjwal ..